성이 넘쳐 나는 세상이다. 이런 세상에 살고 있는 우리 아이들은 성징이 나타나기도 전에 폭력적이고 착취적이고 비틀린 성에 속수무책으로 노출된다. 불행하게도, 이들을 도와야 할 그리스도인 어른들―부모건 선생이건 목회자건 간에―은 이전에 교회에서, 아니 가정이나 학교에서조차 성에 대해 제대로 배우기는커녕 이야기도 해 보지 못한 경우가 허다하다. 우리 삶의 중요한 주제들(성, 돈, 권력, 관계 등)을 정직하게 다루지 않고, 성찰과 공부 없이 교리로만 잣대질하거나 율법적 윤리로 다루는 데 머물고 있으니, 한국 교회가 당면한 성의 위기는 너무도 당연하다. 그래서 이 책이 반갑다! 이토록 중요한 성 이야기를 교회에서 어떻게 다루어야 하는지, 최신의 논의와 연구를 바탕으로 진실하고 솔직하게, 다음 세대를 위해 논의하고 있기 때문이다. 이 책은 다음 세대를 사랑하기 위해서뿐 아니라, 성과 관련하여 여전히 금기와 무지와 혼란 속에서 속으로만 끙끙 앓고 있는 '어른'들을 위해서도 매우 소중한 자료다. 이런 책을 써 준 저자에게 깊은 감사와 존경을 보낸다.

김형국
목사, 나들목지원센터 대표, 하나복DNA네트워크 대표

자녀 성교육을 위해 읽다가 되레 내가 성교육을 받았다. 이 책의 가장 소중한 가르침은, 우리의 성이 생애 전반에 걸쳐 배워야 하는 것이자, 나의 성뿐 아니라 서로의 성을 이해함으로써 모두가 함께 더불어 살도록 도와주는 소통의 언어라는 점이다. 그 소통이란 비단 가족 단위에서 그치지 않는다. 미혼모가 낳은 아이를 입양하면서 자연스럽게 성교육에 관심을 갖게 되었다는 저자의 이야기는 많은 것을 시사한다. 교회에서 잘 다루지 않는 젠더 감수성과 성차별, 성폭력을 다룸으로써 그리스도 안에서 바른 성 가치관을 확립하도록 도와주는 것도 이 책의 장점이다. 아이를 교육하기 위한 목적뿐 아니라 어른인 우리 자신을 위해서도 이 책을 꼭 읽기를 추천한다.

안정혜
『비혼주의자 마리아』 작가

우리 그리스도인들은 어느 분야보다 성에 취약하다. 경건과 금욕이 바른 신앙이라고 오해하기 때문일 것이다. 『성을 알면 달라지는 것들』의 저자 김경아는 상처 입은 치유자로서 하나님이 주신 최고의 선물인 성을 어떻게 이해하고 또 누리면 좋을지 친절하게 전해 준다. 이 소중한 배움의 과정이 우리의 마음뿐 아니라 사람들과의 관계를 건강하게 만들어 주리라 믿는다.

장창현
정신건강의학과 전문의

쉽고 간결하며 친절한 성교육 안내서다. 성 이야기는 종종 두려움과 수치심을 자극하거나 말문을 열기 어려울 때도 있지만 꼭 필요한 주제다. 이전과는 현저하게 달라진 환경 탓에 더럭 걱정만 앞서는 부모에게뿐 아니라 세 끼 밥을 먹는 것처럼 일상에서 성적 인간으로 살아야 할 우리 모두에게 말이다. 이 책은 성에 대한 깊고 넓은 전문 지식에서 시작하여, 말씀의 정신을 묵상하면서 교회 안팎의 최신 화두까지 풀어낸다. 무엇보다 결국 성교육이란 어떤 인간으로 살아야 하는지 가르치는 생활 교육이자 인성 교육인 동시에 성품 교육임을 알려 준다. 언젠가 누가 대신 알려 줄 것으로 남겨 두는 대신, 차 한 잔 마시면서 지금 바로 읽어 볼 수 있도록 쉬운 책을 써 준 저자에게 고맙다.

한지선
중학교 보건교사

성을 알면 달라지는 것들

IVP(InterVarsity Press)는
캠퍼스와 세상 속의 하나님 나라 운동을 지향하는
IVF(InterVarsity Christian Fellowship)의 출판부로
생각하는 그리스도인을 위한 문서 운동을 실천합니다.

성을 알면
달라지는 것들

김경아

자녀 성교육부터 데이트까지,
어물쩍 넘어가지 않으려면

Ivp

★
차례

009   **들어가는 글**

017   **1장 우리는 모두 성적인 존재다**
045   **2장 있는 모습 그대로: 섹스란 무엇인가? – 성별과 정체성**
089   **3장 몸의 사랑과 관계의 소통: 섹스란 무엇인가? – 성관계**
143   **4장 젠더와 감수성**
185   **5장 차이, 차별, 폭력**
231   **6장 어떤 사람이 될 것인가?**

261   **주**
269   **참고 도서**

일러두기
- 본문에 등장하는 인물 중 가명인 경우 *표시를 해 두었다.
- 2-3장의 내용은 정신건강의학과 장창현 전문의의 감수를 거쳤다.

들어가는 글

막내딸 희은이가 못 보던 팔찌를 차고 있다. "웬 거야?" 하고 물으니 *승호와 사귄 지 200일을 맞아 장만했다고 한다. 100일 기념으로는 커플링을 맞춰 낀 귀여운 아이들! 평소에 막내와 이런저런 이야기를 편하게 나누는 사이라 그날은 스킨십에 대해서도 물어보았다.

"승호랑 손 잡아 봤어?"
"당연하죠!"
"어떻게 잡게 됐는데?"
"승호가 먼저 손을 잡고 싶다고 해서 저도 좋다고 했어요."
"오, 제법인데? 아주 잘했네!"

나는 희은이를 2004년에 입양했다. 입양 가족으로 살아온 이야기를 모아서 『너라는 우주를 만나』(IVP)라는 책도 냈다. 그런데 희은이가 말하기를, 승호가 그 책을 읽고 있다는 것이다.

사춘기 아이가 문제집도 아닌 책을 제 돈 주고 사서 읽고 있다니! 대견하고 기특했다. 겸사겸사 승호를 만나고 싶어졌다.

여름 한가운데서 승호를 만났다. 우리는 떡볶이를 먹으면서 내 책과 데이트에 관한 대화를 나누었다. 승호와 희은이가 나에게 시시콜콜 모든 이야기를 했을 리는 없다. 하지만 중학생 딸, 그리고 딸의 남자 친구와 이 정도 이야기를 나누는 엄마가 어디 흔할까? 큰 특권을 누린 것 같아 기분이 좋았다.

나도 처음부터 딸들의 데이트나 성에 대해 쉽게 대화를 나눌 수 있는 엄마는 아니었다. 연애도 해 보고 결혼해서 아기까지 낳았지만 그런 경험과 성 자체를 잘 아는 것은 다른 이야기였다. 나는 내 몸도 몰랐고, 남자의 몸도 잘 몰랐다. 그도 그럴 것이 우리 세대는 요즘 아이들처럼 학교에서 성교육을 받은 적이 없다. 그러니 성 지식뿐 아니라 좋거나 싫은 감정을 표현하는 것조차 미숙했다. 성과 관련한 부정적 경험을 해석해 낼 담론도 부족했기 때문에 마음고생을 무던히도 했다.

세 아이의 엄마이기 이전에 인생을 조금 더 살아 본 선배로서, 나는 딸들에게 계획하고 준비된 성관계를 하는 것이 얼마나 중요한지 말해 주고 싶었다. 기회가 된다면 다른 청소년, 청년들과도 사랑과 성에 대해 솔직하게 이야기 나누고 싶었다. 그러려면 좋은 의도만으로는 부족하고 내가 먼저 성에 대해 제대로 된 관점을 갖추고 내용을 채워야 하는 것이 우선이었다. 나의 성 공부는 그렇게 시작되었다. 온라인, 오프라인을 가리지 않고 강의를 찾아 들었고 많은 시간을 도서관에서 보냈다. 아이들을 위해 시작한 공부인데 결과적으로 나의 속사람이 단단해졌다. 이 책은 이러한 나의 성장기도 담고 있다. 꼰대 소리 듣기 십상인 부모 세대가 자녀들과 소통하기 위해 노력하는 과정에서 더 괜찮은 사람이 된, 어찌 보면 치열하고 어찌 보면 은혜로운 부모 성장의 기록이랄까!

사람은 생물학적 존재이자 사회문화적 존재다. 따라서 성에 대해 말하고 싶다면 성 생리, 성 심리, 인간관계에서의 의사소통, 이 모두를 아우르는 통합적 관점이 필요하다. 내 몸이 세월이 흐르며 어떤 변화를 겪는지도 알고, 건강하고 안전하게 성관계를 하는 법도 배워야 한다. 그뿐 아니라 우리 사회가 요구하는 남성다움과 여성다움이 나에게 어떤 영향을 끼쳤는지 살펴보아야 한다. 남자와 여자가 다르다면 어떻게 다른지 알아야 오해하지 않고 이해하며 관계를 맺을 수 있다. 성교육은 결국 어떤 인간으로 살아야 하는지 가르치는 생활 교육이자 인성 교육이고 성품 교육이다.

아이들도 성적인 존재다. 성적 관심과 표현을 무조건 억압하고 금지하는 부모에게 아이는 마음을 닫는다. 우리는 아이가 자기 몸에 대한 주체성을 가질 수 있도록 가정에서부터 가르치고 본을 보여야 한다. 또한 건전하지 않은 성적 유혹이 도처에 깔려 있는 현실 속에서, 절제력과 분별력과 용기를 갖추도록 도와주어야 한다. 이는 단번에 달성할 수 있는 과업이 아니라 인내와 시간과 반복이 필요한 작업이다. 이 과정에서 부모는 자녀들을 지지하고 격려하는 어른으로서 굳건히 제자리에 있어 주면 된다. 그러기 위해서는 부모가 먼저 성에 대해 바르게 이해하고 있어야 하는데 이 책을 쓴 목적이 바로 그것이다.

특히 나는 그리스도인으로서 교회 내 성 의식에 의문과 고민이 많았다. 시대는 변하는데 교회 안에서는 성 담론 자체를 꺼낼 수 없는 경우가 흔하고, 많은 경우 성 고정 관념에 머물러 있다. 교회의 가르침에 옳은 내용이 있더라도 이를 전달하는 방식에 문제가 있는 경우도 있다. 한편, 세상은 이제 성폭력을 심각한 사회 문제로 다루는데, 교회는 성폭력 문제를 숨기려 하거나 도리어 가해자가 떵떵거리는 일이 여전히 존재한다. 현실이 이러한데 과연 청소년이나 청년들을 기독 신앙으로 초대할 수 있을까.

이 책에는 교회 교육에서 잘 쓰지 않는 '젠더, 동성애, 젠더 감수성, 성적 자기 결정권' 같은 단어들이 등장한다. 낯설고 불편하게 느끼는 독자들이 혹시 있을지 모르겠다. 나는 사회와 교회를 이어 주는 통로 역할을 하고 싶다. 최신 정보와 과학적 사실을 신앙 안에서 제대로 해석하여, 인간을 옥죄는 성이 아니라 잘 알수록 자유를 주는 성 이야기를 해 보고 싶다. 이를 통해 청소년이나 청년들이 '세계 시민'으로서의 교양과 그리스도인으로서의 덕과 성품을 겸비한 인물로 성장한다면 더할 나위 없이 좋겠다.

시중에는 성과 관련하여 심리학, 생물학, 의학, 여성학 등을 전공한 학자들이나 활동가들이 쓴 좋은 책들이 이미 많다. 그런데 교회 안에서 함께 읽고 고민을 나누고 지식도 채울 수 있는 책을 찾기는 쉽지 않다. 그리스도인 부모나 교사들도 성교육에 대한 필요는 느끼지만 엄두조차 내지 못하는 경우가 많다. 최대한 쉽고 간결하게 쓰려고 노력한 이 책을 성에 관한 기본서로 읽어 주기 바란다. 책을 읽고 '참고 도서' 목록을 바탕으로 더 공부하면 금상첨화일 것이다. 부모 세대가 자라 온 시대와는 현저히 다른 환경에서 살아가는 아이들을 이해하고 싶은 부모들에게 이 책을 권한다. 비단 부모뿐 아니라 교회에서 사역하는 목회자, 교회 학교 교사 들에게도 도움이 되었으면 한다. 책에 '부모'라고 쓴 부분 중에는, 맥락에 따라 성에 대해 의논할 수 있는 어른을 통칭한 표현으로 읽어도 좋을 부분이 많다. 또한 책에는 성교육 강의를 통해 만나 온 수많은 청년들의 고민이 담겨 있어, 청년들에게도 유익할 것이다. 자기의 몸을 이해하고 피차 존중하는 관계를 원하는 사람이라면 누구라도 읽어 볼 만하다.

  나는 강의를 할 때 가능하면 질문을 받고 청중과 토론을 시도한다. 또 내게 메일로 상담을 청하는 사람도 있고, 직접 만나서 고민을 나누는 사람도 있다. 이런 소통 덕분에 많이 배웠다. 이 책에 등장하는 사례들은 현장에 뿌리를 두고 있다. 등장인물들의 이름은 가명이지만 실제로 일어난 일이거나 약간의 각색을 거친 이야기도 있다. 여러 사례를 묶어서 하나의 이야기로 만들기도 했다. 책을 읽는 누군가가 '내가 말했던 이야기인데?'라고 여길 수도 있겠지만, 사실 내가 겪은 일과 남이 겪은 일이 비슷한 경우도 많다.

  부족한 원고를 받아 주신 IVP에 감사드린다. 옆에서 같이 고민하면서 더 온전한 내용이 담길 수 있도록 끊임없이 나를 깨우고 북돋아 주신 이종연 간사님, 그대에게는 감사하다는 말로는 너무 부족하다. 이 책은 그대와 나의 공동 작업의 결과라고 해도 과언이 아니다. 이 책 2-3장의 감수를 기꺼이 맡아 주신 정신건강의학과 전문의 장창현 선생님께도 깊이 감사드린다. 여전히 가끔 '빻은' 소리도 하고 꼰대처럼 행동하는 50대 부모를 참아 내며 대화를 해 주는 세 딸에게도 고맙다. 특히 몸과 마음이 건강한 성인이 되어 새 가정을 꾸린 큰딸과 사위, 그대들이 자랑스럽다. 만성질환자인 딸이 사람 구실이나 제대로 할 수 있을까 걱정하면서 눈물로 기도해 주신 친정 엄마 덕분에 이 책이 나올 수 있었다. 나와 결혼해서 내 인생의 롤러코스터를 함께 겪으며 '동반 성장' 해 준 남편에게 무한 애정을 전한다.

2020년 가을
김경아

1장. 우리는 모두 성적인 존재다

> 섹스에 대해 의논할 수 있는
> 단 한 명의 어른이 되라.
>
> **마크 슈스터(Mark Schuster) 하버드대 소아과 교수**

"선생님, 제 친구들은 이성 친구와 '속궁합'을 먼저 보고 계속 사귈지 말지 결정한대요. 이걸 어떻게 봐야 할까요?"

대학생들에게 '연애와 성'에 관한 강의를 하던 중, 한 학생이 손을 들고 질문했다. 나는 이렇게 대답했다.

"저와 남편은 함께 산 지 20년이 넘었어요. 시간이 흐르면서 다행히도 두 사람 사이에 친밀감이 깊어지고 서로에게 더 헌신하게 되면서, 남편과의 성관계도 신혼 시절보다 지금, 훨씬 더 만족스럽고 충만하다고 느껴요. 그런데 20대인 여러분이 단 몇 번의 성관계로 그 사람과 자신이 맞는지 안 맞는지를 판단한다니 글쎄요, 조금 섣부른 생각 아닐까요? 성관계도 '관계'라서 모든 인간관계가 그러하듯 굴곡을 겪기도 하고 성장하기도 하거든요."

강의를 마치고 집에 돌아왔는데, 강의를 들은 한 참석자가 나를 따로 만나고 싶어 한다는 연락을 받았다. 강의가 끝나고 질문할 수 있었을 텐데 굳이 따로 만나기까지? 하는 생각이 들었지만 20대 젊은 청년이 이런 요청을 할 때는 그만한 이유가 있을 것 같았다. 그렇게 *유민이를 만났다.

"선생님처럼 나이 드신 분이 여전히 남편과 성관계를 하신다는 사실이 놀라웠어요." 유민이의 말에 나는 배꼽을 잡고 웃었다. 하지만 그 친구의 '여전히'라는 표현에서 '뭔가 사연이 있겠구나' 하고 눈치를 챘다. "하하, 내 나이가 어때서? 남편과 아내가 성관계를 하는 건 당연한 일 아닌가요?" 내 말에 유민이가 답했다. "선생님, 저는 부모님이 한방에서 주무시는 것을 본 기억이 없어요. 그래서 '남자와 여자가 결혼해서 아이를 낳으면 그냥 그렇게 사는 거구나. 성은 아이를 낳는 수단이구나. **성, 별거 아니네**(저자 강조)'라고 생각했어요."

나는 유민이의 말에서 자녀들이 부모를 '보고 있다'는 사실을 새삼 확인했다. 부모가 무심코 하는 행동에서 아이들은 무언가를 **배운다**. 나는 유민이의 부모님이 다른 부부보다 더 사이가 나빠서 각방을 쓰신다고 생각하지 않는다. 나도 코골이가 심한 남편과 따로 자면 편하다. 유민이 부모님과 다른 점이라면 우리 집에는 따로 잘 방이 없다는 정도일 뿐. 아무렇지도 않게 한 부모의 행동에서 아이들은 남녀가 가정을 이루어 함께 살아가는 것을 배운다. 이런 이야기를 들을 때면, '부모 됨'의 엄중함과 '참을 수 없는 (내) 존재의 가벼움'이 맞부딪치는 느낌을 받는다.

유치원생 막내를 키우는 40대 중반의 남자 후배가 내게 조언을 구해 왔다. "아이들에게 어떻게 성교육을 시켜야 하는지 잘 모르겠어요. 중요한 건 알겠는데 난감하네요." 후배에게 이렇게 말해 주었다. "퇴근하고 집에 가면 설거지도 하고 아이 목욕도 시키지? 주말엔 청소도 하고? 그런 모습을 아이들에게 자주 보여 줘. 그리고 너희 부부가 진심으로 서로를 사랑하는 게 가장 좋은 성교육이야." 나의 말을 듣는 후배의 표정에 근심이 어렸다. 부자 청년이 예수님을 만나고 돌아갈 때 지었던 표정 아닐까 싶었다.

하루가 멀다고 심각한 성폭력 사건이 기사로 쏟아지는 현실에서 부모들은 두려움을 느낀다. 내 아이가 성폭력 피해자가 되지는 않을지 전전긍긍한다. 가해자가 된다는 것은 상상조차 할 수 없는 최악의 시나리오다. 다른 대화는 잘 나누는 부모도 성은 어떻게 다루어야 할지 모르겠다고 하소연한다. 부모들의 이런 난감함에 십분 공감한다. 나를 포함하여 50대 이상은 어디에서도 성교육을 받아 본 적이 없다. 나이가 들면 저절로 알

**성의 핵심은 자기 자신의 몸과 마음을 긍정하고
다른 사람과 건강한 관계를 맺고 소통하는 것이다.
그런 사람이 되는 것이다.**

게 될 거라고 여겼고, 교육의 부재에 큰 문제의식을 느끼지 못했다. 하지만 성관계도 하고 자녀도 낳았으나 정작 아이와 성에 대해 어떻게 대화해야 할지 막막한 것이 현실이다.

한편으로는 이렇게도 생각한다. '연애와 성관계는 그냥 본능 따라 하면 되는 거 아닌가? 굳이 배워야 하나? 학교 끝나면 학원에 가고 선행 학습까지 해야 겨우 '인 서울' 대학에 갈까 말까인데, 성교육까지 시켜야 한다니!' 부모들의 머릿속은 하얘진다. 그저 내 자식은 딴생각 말고 공부에만 전념하면 좋겠다는 게 부모들의 솔직한 심정일 것이다. 공부만 잘하면 되고 그 외의 모든 고민과 발달 과업은 대학에 들어간 후에 하라고 미루고만 싶다.

자녀의 성과 관련한 부모의 고민은 이해하지만, 사실 성은 평범하고도 일상적인 주제다. 우리는 사랑하는 사람이 생기면 그의 마음을 얻으려고 애를 쓰며 잘 보이고 싶어 한다. 만나기로 한 약속을 앞두고는 마음이 설레고, 의도한 대로 관계가 잘 풀리지 않으면 애를 태운다. 처음 손을 잡은 날, 첫 키스를 나눈 날은 세상을 얻은 것처럼 행복하다. 신뢰를 쌓아 가며 관계를 다지고, 서로 뜻을 모아 결혼하고 부부의 연을 맺는다. 또 성관계를 통해 아이를 가진다. 우리는 성적인 존재였고 지금도 그러하며 죽을 때까지 성적인 존재일 것이다.

성의 핵심은 자기 자신의 몸과 마음을 긍정하고 다른 사람과 건강한 관계를 맺고 소통하는 것이다. 그런 사람이 되는 것이다. 자녀가 그렇게 성장하기를 바란다면 부모는 아직 어리게만 보이는 아이 역시 성적인 존재임을 인정해야 한다. 아이도 자기만의 세계를 이루어 가는 독립적 주체임을 시시때때로 되새겨야 한다. 성관계를 허용하라는 의미가 아니다. '성적인 존재'라는 말과 '신체적 성관계를 하는 존재'라는 말은 그 의미가 전혀 다르다. 자녀가 좋은 사람으로 성장해 가는 여정에서, 부모가 성에 대해 대화를 나눌 수 있는 어른으로 준비되기를 진심으로 바란다.

입양에서 출발한 성교육 소명

두 딸을 낳고 막내를 입양한 후 우리 가족은 입양에 대해 자유롭고 자연스럽게 이야기를 나누어 왔다. 막내는 낳아 준 엄마에 대해 거리낌 없이 질문했다. 아이는 아직 친생모를 만나 본 적이 없고 나 역시 입양 기관의 사회 복지사를 통해 서면으로 그이 사연을 접한 게 전부다. 그럼에도 미혼모였던 생모의 사정이 어땠을지 추정하기란 어렵지 않다. 아기를 낳기까지 그이의 마음이 어떠했을지, 아이를 낳아 본 같은 여성으로서 조금은 알 것 같다. 자기 처지에 대한 자괴감, 연락이 닿지 않는 남자 친구에 대한 원망, 출산에 대한 공포, 앞으로 펼쳐질 인생에 대한 막막함, 아기를 키울지 입양 보낼지 그 어떤 결정을 내려도 만족스럽지 않은 답답한 마음까지, 아기를 낳을 때까지 계속되었을 그이의 고민은 오롯이 내 마음에 와닿았다.

아무리 나이가 어려도 자기 인생을 걸고 낳은 아기가 왜 귀하지 않을까. 사랑으로 가정을 꾸려 자기 손으로 아기를 키울 수 있기를 바라지 않았을까? 하지만 그이는 결국 아이를 입양 보내기로 결정했다. 아기에게 '현'이라는 이름을 지어 주었는데 그게 내 딸이 된 희은이의 첫 번째 이름이다.

입양으로 막내를 얻어 양육하는 동안 생모는 잊으려 해도 잊을 수 없는 존재였다. 고기를 좋아하는 희은이 식성은 생모를 닮은 것일까? 상담 기록에 희은이 생부의 키가 컸다고 쓰여 있었는데 희은이도 키가 클까? 희은이가 달고 사는 만성 비염은 가족력일까? 이 모든 것이 궁금했고 확인하고 싶었다. 희은이 생일이면 그이는 잘 살고 있을지, 그이도 희은이를 궁금해할지 알고 싶었다. 희은이가 원할 때 우리는 희은이 생모를 찾아보려고 한다. 그이를 만나 마주보고 웃으며 우리가 궁금해하던 것들을 물어볼 날이 오기를 바란다.

희은이가 일곱 살 때의 일이다. 자신의 입양 사실을 잘 알고 있는 희은이가 이렇게 물었다. "엄마, 우리는 입양으로 가족이 되어 행복한데요. 날 낳아 준 엄마는 나를 떠나보낼 때 얼마나 슬펐을까요?" 일곱 살 아이가 자기 아기를 떠나보내야 했던 사람의 아픔에 공감을 하다니, 나는 정말 깜짝 놀랐다. 입양은 가족이 되는 행복한 과정이지만, 그 이면에는 자기가 낳은 아이를 떠나보내는 누군가의 슬픔이 숨어 있다. 그리고 자기에게 생명을 준 부모와 헤어지는 아이의 상실을 내포하는 일이기도 하다. 비록 그 아이가 그 상실감을 의식 차원에서 느끼지 못한다 해도 말이다.

자기가 낳은 아이를 떠나보내는 아픔을 줄이고, 낳아 준 부모와 헤어지는 슬픔을 겪지 않으려면 나는 무엇을 어떻게 할 수 있을까? 거시적으로 보자면 '아이 키우기 좋은 사회'를 만드는 것이 근본 해결책일 것이다. 결혼 관계 안에 있는지 밖에 있는지 따지지 말고, 태어난 아이들이 이 땅에서 부모와 함께 행복하고 건강하게 자랄 수 있다면 그게 바로 정답일 터. 하지만 그건 내 능력 밖의 일이다. 미약한 나는 젊은 친구들과 제대로 사랑하는 법에 대해서라도 같이 머리를 맞대고 고민하고 싶었다. 섹스에 대해 의논할 수 있는 한 명의 어른이 되고 싶었다. 아무도 소외되지 않으려면 사랑과 섹스와 생명이 함께 가야 한다는 것을 말하고 싶었다.

나는 성에 관한 책을 찾아서 읽기 시작했고, 성에 대해 공부할 수 있는 곳이라면 온라인과 오프라인을 가리지 않고 찾아다녔다. '성'이라는 주제는 재미있었고 공부하면 할수록 신기하고 흥미진진했다. 나는 공부에 빠져들었고 다른 사람 이전에 나 자신을 새롭게 인식하고 아픈 과거를 재해석하게 되는 매우 확실한 성과를 얻었다. 거기에 지식과 정보를 비판적으로 해석할 수 있는 관점도 갖추면서, 사람이란 어떠한 존재인지 조금 더 이해할 줄 알게 되었다.

모르면 모른다고 인정하라

아이는 자라면서 성에 대해 여러 질문을 던진다. "아빠 고추는 왜 이렇게 생겼어요?", "엄마 찌찌는 왜 커요?" 말로 질문할 뿐만 아니라 호기심을 행동으로도 표현한다. 딸이 아빠의 음경을 잡아당긴다거나 다 컸다고 생각한 아들이 엄마에게 다가와서 불쑥 가슴을 만지기도 한다. 이럴 때 부모는 어떻게 반응해야 할까? 아이가 몇 살인지, 평소 부모와 아이의 관계가 어땠는지에 따라 다양한 반응이 나올 것이다.

아이의 호기심 가득한 질문과 행동에 대해 소스라치게 놀라거나 손사래 치거나, 인상을 찡그리거나 째려보거나, 혹은 얼버무리고 넘어가거나 심지어 윽박지르고 혼내고 때리기까지 한다면? 생각해 볼 것도 없이 아이는 부모에게 질문하기를, 부모와 대화하고 소통하기를 포기할 것이다. 그렇다고 호기심이 사라질까? 아니다. 아이는 혼자만의 세계에서 호기심을 채울 것이다. 부모 앞에서는 전혀 모르는 척, 관심 없는 척하고 뒤돌아서서 성에 집착하는 이중적 삶을 살게 될지도 모른다. 그런 아이들은 인터넷 세상에 머물면서 성에 대해 왜곡된 관점을 얻고 일부만 사실인 정보와 옳지 않은 행동을 습득하기 쉽다. 어떤 주제에 대해서든 아이를 어떻게 대화에 참여시킬까 하는 문제는 부모가 고민하고 풀어야 할 숙제다.

부모와 교사들을 대상으로 강의를 할 때면 아이들과 성에 대해 대화를 나누기 어려운 이유가 본인도 '잘 몰라서'인 경우를 종종 접한다. 성에 대해 자신이 알고 있는 정보가 과연 맞는지, 옛날에 배운 지식이 여전히 유효한지 자신 없어 한다. 게다가 올바른 지식과 정보라고 할지라도 어떤 방식으로 대화를 이끌어야 하는지 몰라 난감해한다. 그럴 때 나는 힘주어 말한다. "모르면 모른다고 인정하라." 모든 지식을 다 알아야 대화를 할

"모르면 모른다고 인정하라."
성에 대해 다 알은체하는 것이나 '엄근진'한 태도가
오히려 아이와의 대화를 막는 장애물이 될 수 있다.

수 있는 것은 아니기 때문이다. 성에 대해 다 알은체하는 것이나 '엄근진'(엄격, 근엄, 진지)한 태도가 오히려 아이와의 대화를 막는 장애물이 될 수 있다.

성에 대한 주장이나 감정, 이론, 견해 따위를 통틀어 '성 의식'이라고 한다. 사람마다 성을 매우 다양하게 생각하고 느낀다. 많은 사람은 성을 야한 것으로 생각한다. 성폭력 피해를 겪은 사람에게 성은 두렵고 무서운 것일 수도 있고, 예술가들은 작품을 통해 성을 아름다운 것이라고 칭송한다. 몇십 년 동안 결혼 생활을 해 온 노부부에게 성은 밥 먹는 일 정도의 일상일 수 있다. 또 성을 가볍게 대하고 불장난쯤으로 치부하는 사람도 있고, 소중한 것이니 깨지지 않게 조심조심 다루기를 강조하는 사람도 있을 것이다. 자라 온 배경과 삶의 경험에 따라 성 의식은 다를 수 있다.

우리나라 '성교육의 대모'라고 할 수 있는 구성애는 우리나라 부모가 성에 대해 두려움을 가지고 있다고 판단했다.[1] 그 두려움은 아이의 행복과 건강을 1순위에 두지 않고 남의 이목과 평판을 중시하는 데서 온다. 체면 문화가 강한 우리 사회에서 아이가 소위 '집안 망신'을 시킬까 봐 두려워한다는 것이다. 망신 당할 것에 대한 두려움, 이는 수치심이다. 심지어 아이가 성폭력 피해를 입었음에도 부모가 남우세스럽다고 쉬쉬하는 경우가 많다. 어린 시절에 이런 수치심을 아이가 강하게 느끼면 아이는 명랑하고 당당하게 성을 대하기 어려워진다. 오히려 성에 집착하는 부작용을 낳기 쉽다.

내가 성에 대해 갖고 있는 정서의 뿌리는 어디일까? 왜 그런 생각을 갖게 되었을까? 이런 질문을 해 봄으로써 스스로 자신의 성 의식을 살피는 작업은 매우 유용하다. 나의 성 의식은 대인 관계 방식에 영향을 끼치고 이는 연애의 성공과 실패, 결혼 생활의 행복 여부에도 큰 영향을 준다. 자녀에 대한 성교육 방향 역시 부모 자신의 성 의식이 좌우한다. 이전에 나의 성 의식은 왜곡되어 있었다. 만약 성과 관련한 나의 부정적인 경험들이 구속받지 못한 채로 내 성 의식에 반영되었다면, 나는 아마도 지금과는 사뭇 다른 사람이 되었을 것이다.

성은 인간의 존재 방식이다

성교육은 단순히 생물학적 지식만 전달하는 교육이 아니다. 물론 월경, 성관계, 임신, 성병 등에 대한 지식은 중요하다. 그러나 성교육을 할 때는 '나는 누구이며 어떤 존재인가'와 같은 정체성에 관한 질문, '나는 다른 사람과 어떻게 관계를 맺고 소통해야 하는가'에 대한 질문을 던져야 한다. '나의 몸은 소중하고 나의 느낌은 중요하다'는 점을 알게 하는 동시에 다른 사람도 그만큼 존중받아야 한다는 사실을 일깨워 주어야 한다. 성교육은 나를 아끼고 사랑하는 것을 강조하는 만큼 타인에 대한 배려를 가르치는 교육이자 **인간됨**에 관한 이야기다. 외부에서 주입되는 방식이 아니라 스스로 어떤 사람으로 살고 싶은지를 깨닫는 주체성의 문제이며, 어떤 사람이 되어야 하는가를 성찰하는 도덕성의 영역이다. 사회학자 리사 그레이엄 맥민(Lisa Graham McMinn)이 말한 대로 "성은 단지 우리가 행하는 것에 관한 문제가 아니라, 우리의 존재에 관한 문제"다.[2] 따라서 우리는 평생에 걸쳐 성을 배우고 깨치며 이를 통해 성장한다.

하나님은 우리의 몸이 성적 쾌감을 경험하도록 우리를 지으셨고, 우리가 사랑하는 이와 성적 쾌감을 누리는 것을 기뻐하신다고 믿는다. 나를 지으시고 아시는 하나님이 잘 누리라고 **선물**로 주셨으니 성은 그분의 **작품**이다(창 1:28). 이 선물을 잘 누리려면 사랑과 생명까지 같은 리듬으로 발맞추어 걸어야 한다. 사랑이 빠진 성, 생명의 존재를 부인하는 성은 고통을 초래할 뿐이다.

인간은 총체적으로 타락했기에 삶의 다른 영역과 마찬가지로 성도 죄의 영향 아래 놓여 있다. 자기 욕구를 채우려고 함부로 다른 사람의 몸을 침범하는 사람들이 있다. 농담일 뿐이라며 희롱하는 말을 던지기도 한다. 눈으로, 입으로, 손으로 성적 죄를 저지른다. 사랑하는 사이에서조차 그러하다. 벌거벗고 사랑을 나누면서도 상대방을 비난할 수 있는 존재가 사람이다. 사람의 내면에는 한 사람을 향한 사랑과 증오가 공존할 수 있다. 하나님과 공동체 앞에서 했던 서약이 상대방을 향한 나의 성실성을 보장해 주지 못할 때도 있다. 내 욕구 충족을 위해 사랑하는 사람을 이용하기도 하고 심지어 그 점을 알아차리지 못할 때도 있다. 하나님이 '보시기에 좋았다'고 하셨던 낙원에서의 충만한 만족을 향해 성은 구속받아야 한다.

몸과 마음과 관계, 그리고 진정한 행복

성은 몸의 일부분, 성기끼리만 접촉하는 행위를 일컫는 단순한 개념이 아니다. 몸이 관여된 개념이자 내 마음을 살피고 상대방의 마음을 알아 가는 과정이다. 나아가 '다른 사람과 어떻게 관계를 맺으며 최선의 합의를 도출해 낼 것인가'에 대해 타협하고 협상하는 과정이다. 이렇듯 성은 몸과 마음과 관계가 톱

니바퀴처럼 맞물려 돌아간다.

우리는 우리 자신의 몸을 잘 모른다. 나 역시 출산도 해 보고 결혼 생활도 25년 이상 했지만, 남편의 몸은 물론이고 내 몸에 대해서도 잘 몰랐다. 지금 내 나이를 나도 처음 살아 보는 것이기에 지금 내 나이대의 몸의 변화에 대해서도 여전히 알아 가는 중이다. 나의 몸이 어떻게 기능하고 반응하는지 알면, 훨씬 편안한 마음으로 사랑하는 사람의 몸에도 집중할 수 있다.

"몽정도 죄"라는 말을 교회에서 듣고 자란 청년을 만난 적이 있다. 그는 어렸을 때 들은 저 말 때문에 자기 의지와 상관없이 성기가 발기할 때 죄책감에 휩싸였다. 남자의 성기는 성적 흥분과 상관없이도 발기할 수 있다는 몸의 작동 방식만 알았어도, 말도 안 되는 무지한 가르침은 가볍게 무시할 수 있었을 텐데 정말 안타까운 일이다. 남녀의 몸, 적어도 성기와 호르몬에 관한 것만이라도 제대로 안다면, 그리스도인들의 인생의 무게가 대폭 줄어들 것이다. 무지에서 비롯한 쓸데없는 죄책감, 절반만 사실인 정보, 사실이 아닌 소문으로 인한 헛된 기대나 발빠른 포기가 얼마나 많은가.

보통 성과 직접 관계가 있는 신체 부위를 성기(생식기)라고 생각하겠지만 사실은 더 복잡하다. 눈에 보이지 않는 뇌와 호르몬이 우리를 성적으로 만든다. 낭만적이고 열정적인 사랑에 빠지면 신경전달물질인 도파민이 증가한다. 도파민은 성적 갈망을 관장하는 테스토스테론 분비를 촉진시킨다. 테스토스테론이 불붙인 성적 교감은 다시 도파민의 분비를 가져온다. 이 시기에는 오직 사랑하는 사람만 보인다. 세상과 나는 간곳없는 무아지경 상태에 이르고, '이대로 죽어도 좋아'라는 탄성이 터져 나온다. 이때 진통제 역할을 하는 호르몬인 엔도르핀과 애착 호르몬인 옥시토신이 분비되면서 관계가 안정적으로 느껴지게 만든다. 옥시토신은 면역력을 높여 주고 상처 치유력을 향상시키는 것으로 알려져 있다. 성 의학 전문가인 배정원은 이런 호르몬들을 통틀어 '러브 칵테일'이라고 부른다.[3] 인간은 이런 호르몬들의 영향을 받지만 그렇다고 지배당하는 존재는 아니다.

우리의 몸과 마음은 서로 영향을 주고받는다. 몸이 아프면 마음도 축 처진다. 불쾌하거나 속상한 일을 겪으면 병이 걸리기 쉽다. 원인과 결과를 따지기 힘들 정도로 몸과 마음은 연결되어 있다. 그런데 살다 보면 마음과 몸이 늘 같이 움직이지만은 않는다. 어쩌면 마음과 몸이 따로 놀아야 하는 게 어른이 되어 가는 과정인 듯 싶기도 하다. 마음으로는 당장 사표를 던지고 나오고 싶지만, 몸은 그저 오늘의 할 일을 하며 회사에 남는다. 마음 같아서는 오늘 하루는 '땡땡이' 치고 놀러 가고 싶지만, 내일 마감인 과제를 마무리하러 도서관으로 향한다. '몸 따로 마음 따로'인 것이 현대인의 숙명이다.

하지만 성적 교감을 나누는 행위만큼은 그렇지 않다. 마음과 몸을 분리해서 생각할 수 없다. 마음이 원하지 않는데 성관계를 한다면 마음에 상처를 입거나 신체에도 고통이 따른다. 상대방을 사랑하는 마음의 정도와 스킨십의 속도가 어긋나면 갈등 상황에 놓이기도 하고 성폭력이라는 위험에 처하기도 한다. 성적인 행동에서는 몸과 마음이 같은 속도, 최소한 비슷한 속도로 가는 것이 좋다. 평생을 함께하기로 약속한 배우자라 하더라도 마음이 담기지 않은 성관계는 허무하기 마련이다.

우리는 다양한 인간관계 속에서 몸으로 우정을 표현한다. 처음 만나는 사람과는 고개 숙여 인사하거나 악수를 한다. 더 가까운 사람과는 포옹을 한다. 연애를 할 때는 이보다 더 깊이 몸으로 사랑을 표현한다. 손을 잡는 것부터 어깨 감싸기, 허리에 팔 두르기, 뽀뽀, 키스, 애무, 성관계 등 다양한 스킨십을 한다. 다른 사람을 배려하고 존중하는 기본적인 인간관계 기술을 익혀야 성적인 행동에서도 실패하지 않을 수 있다. 인간관계를 잘 맺지 못하면 성관계에서도 어려움을 겪을 수밖에 없다. '자기가 대접받고 싶은 대로 남을 대접하라'는 인간관계의 황금률은 성관계에도 너무나 잘 들어맞는다. 성교육 강사들 중에 경력이 쌓인 후 '대인 관계 기술'이나 '의사소통 코칭' 같은 강의를 하는 경우가 종종 있는데, 성을 공부해 보니 왜 그런지 이해가 된다. **성관계도 결국 인간관계를 맺는 수많은 방식 중 하나**여서, 우정 관계를 잘 맺지 못하고 대인 관계가 미숙한데 성관계는 기가 막히게 잘한다는 것은 어불성설이다.

성의 핵심에는 관계에 대한 욕구가 있다. 남자도 여자도 근본적으로 같은 것을 원한다. 우리는 의미 있는 타자와 연결되어 있다는 느낌을 원하고, 소속감이 필요하며, 온전히 사랑하고 사랑받고 싶다. 간혹 남자는 사랑하고 사랑받는다는 느낌이 없어도 성관계를 할 수 있는 존재라고 자기를 비하하는 남자들이 있다. 하지만 구속받지 않아 왜곡된 성은 남자나 여자를 가리지 않는다. 성관계를 잘하고 싶으면, 자기 자신을 보호하면서 남과의 경계도 지켜 주는 관계의 기술을 익혀야 한다. 배려와 소통이 자리 잡아야 진정한 쾌락과 행복을 맛볼 수 있다.

교회에서 성을 배울 수 있을까?

그리스도인은 삶의 모든 영역에서의 '주 되심'을 인정한다. 따라서 우리는 성적 영역에서도 하나님이 주인이라고 고백할 수 있어야 한다. 성경에는 기록된 당시의 문화를 뛰어넘는 파격적

성관계도 결국 인간관계를 맺는 수많은 방식 중 하나여서, 우정 관계를 잘 맺지 못하고 대인 관계가 미숙한데 성관계는 기가 막히게 잘한다는 것은 어불성설이다.

인 말씀들이 많다. "하나님이 자기 형상 곧 하나님의 형상대로 사람을 창조하시되 남자와 여자를 창조하시고"(창 1:27). 이 구절은 강력한 가부장제 사회였던 창세기의 첫 번째 독자들에게 큰 충격을 주었을 것이다. 남자와 동등한 존재로서 여자를 인정하시다니! 성경은 남녀 모두에게 '거룩함'을 요구한다. "하나님의 뜻은 이것이니 너희의 거룩함이라"(살전 4:3). 몸은 영에 비해 열등하고 어차피 썩을 몸이니 아무렇게나 살아도 된다고 말하지 않고, 우리 몸을 '성령의 전'(고전 6:19)으로 격상시킨다. 성경은 우리 몸과 마음과 남녀 관계에 관심이 많다. 그런데 교회는 이런 성경의 정신을 잘 가르치고 실천하고 있을까?

결혼 후 나는 남편이 어릴 적부터 다니던 교회에 출석했다. 어느 일요일, 사별하신 A 장로님의 재혼 축하 광고가 나갔다. 이후 교회 식당에 가니 교인들이 A 장로님께 축하 인사를 하며 식사하고 있었다. 그때 갑자기 한쪽에서 교회에서 가장 연세가 많으신 B 장로님의 호통이 들렸다. "부끄러운 줄 알아야지! 나는 장로 안수받은 후에 C 권사와 각방을 썼어! 재혼한 게 무슨 자랑이라고, 부끄러운 줄 알아야지!" 깜짝 놀랐다. 장로가 사별한 후 재혼한 것이 왜 부끄러워할 일인지, 장로가 된 후에 아내와 잠자리를 갖지 않은 것을 어째서 대단한 공로로 여기는지 의아했다. 기도하려고 합의하여 분방할 수는 있으나 다시 합하라고까지 성경은 말하지 않나.

교회에서 청소년과 청년에게 성교육을 하면 가장 많이 등장하는 질문들이 "혼전 성관계는 죄인가요?", "자위가 죄인가요?" 등이다. 이런 질문에서 '성'과 '죄'를 자동적으로 연결하는 모습을 볼 수 있다. 교회 청년부나 대학생 선교단체에서 강의할 때, 남녀가 같이 터놓고 성에 대해 이야기 나눈 경험이 처음이라고 말하는 경우도 많다. 일반 사회와 비교해 볼 때 교회 안의 성 담론이 훨씬 폐쇄적임을 알 수 있다. 교회 안에는 죄책감과 수치심에 괴로워하는 젊은이들이 있는 한편, 아예 교회 안과 교회 밖의 삶을 분리해서 살아가는 청년들도 있다. 금지와 금욕 외에 교회가 무엇을 가르쳐 왔는지 돌아봐야 하지 않을까?

정신과 전문의 김현수는 "금기에 의해 도덕성이 육성되지 않는다"고 했다. 그는 또 불안해하는 어른들에게 말한다. "금지가 과잉을 만든다. 이해가 조절을 만든다."[4] 나는 우리 자녀들이 성장하는 과정에서 하나님이 만드신 자기 몸의 아름다움을 발견하기를 바란다. 하나님의 선물인 성을 잘 누리려면 어떤 조건이 필요한지 스스로 판단하고 분별하는 능력을 키워 나가기를 기대한다. 당장의 즐거움을 유예시키는 절제의 훈련을 배우기를 바란다. 그러려면 교회에서 '무조건 안 된다'고 가르치기보다는 나와 상대방의 몸과 마음을 존중하면서 자기 몸에 대한 주체성을 기르는 법을 가르칠 필요가 있다.

한편 교회는 성별에 대한 강한 고정 관념을 가지고 있는 듯하다. 목회자들이 교회와 가정을 이끌어 나가는 '성경적' 원리로 가부장제를 제시하는 경우가 있는데, 성 역할에 대한 편협한 시각을 대놓고 드러내는 것은 문제다.

예전에 다니던 교회에서 사경회가 열렸다. 초대받은 설교자가 설교 중에 말했다. "아내는 바깥일 하지 말고 남편을 뒷바라지해라. 남편이 집에 들어와도 집안일을 시키지 마라. 남편이 밖에서 성장할 수 있게 돕는 게 아내의 할 일이다." 그로부터 10여 년의 세월이 흘러 다른 교회 사경회에 참석했다. 유명한 신학교 교수인 설교자는 이런 농담으로 설교를 시작했다. "여자들의 집중력은 드라마 시청 시간인 50분 정도밖에 안 된다는 걸 안다. 그러니 짧게 하겠다." 중간에는 이런 말도 했다. "내가 처음 전도사로 일했던 교회는 물이 안 좋았어. 예쁜 여자가 없었거든." 강단에서 여성의 성 역할에 대한 고정 관념을 강화시키고, 심지어 여성 혐오를 조장하는 발언을 아무렇지 않게 하는 목회자들의 이야기는 끝이 없다.

그러나 나는 교회가 그리고 그리스도인 어른들이 젊은이들에게 성별 고정 관념을 강화하거나, 성차별적 가치관을 가르쳐서는 안 된다고 믿는다. 특정 성별은 어떤 영역을 넘을 수 없다며 선 긋기 하지 않아야 한다. 성별 고정 관념이 아니라 각자의 재능과 은사에 따라 자유롭게 그리스도를 섬기는 옳고도 아름다운 모습을 교회가 보여 준다면 더할 나위 없이 좋겠다.

지피지기면 백전불태니라

나는 딸 셋에 아들 하나인 집의 셋째 딸로 태어났다. 내 밑으로 남동생이 태어났는데 친척 어른들은 나를 '아들 본 딸'이라며 예뻐했다. 내가 터를 잘 닦아 놓았다나 뭐라나. 아무튼 나는 '선도 안 보고 데려간다'는 예쁜 딸이 되었다. 부모님이 딸과 아들을 차별해서 아들만 편애했다는 느낌을 받은 적은 없다. 네 명의 형제자매는 부모님에게 다 같은 자식이었다. 그래서인지 어릴 적 나는 무성(無性)적 존재였다. 내가 '여자'이고 여자의 몸을 지닌 성적 존재임을 인식한 것은 기대하지 않은 경험들을 통해서였다.

초등학교 5학년 때쯤, 그 또래 여자아이들이 그러하듯 내 몸에도 이차 성징이 나타나기 시작했다. 젖멍울이 막 생겨서 옷만 스쳐도 가슴이 아팠다. 내 사정을 아는지 모르는지, 아버지가 손가락으로 내 가슴을 찌르고 웃었다. 나는 내 몸이 놀림거리가 된 것 같아 무척 기분이 상했다. 이차 성징이 일어나는 내 몸이 수치스러워서 한동안 어깨를 구부정하게 숙이고 다녔다. 아버지가 딸의 가슴을 찌르고 친척 어른들이 남자아이의 성기를 만질 때, 아이는 누구에게 도움을 청할 수 있을까.

중학교 1학년 때는 이런 일도 있었다. 교복을 입고 학교에 가는 길이었다. 큰길이었고 오가는 사람도 많았다. 저 앞쪽에서 한 젊은 남자가 걸어오다가 나를 스쳐 지나가면서 갑자기 내 가슴을 꽉 움켜쥐었다. 그러고는 유유히 제 갈 길을 갔다. 너무 놀라고 당황한 나는 그 자리에서 몸이 굳어 버린 것 같았고 심장이 너무 뛰어서 숨조차 쉴 수 없었다. 한참 만에 뒤돌아서 그를 노려보고 또 노려보았지만 그는 아무렇지 않게 걸어가고 있었다. 너무나 화가 났지만 아무 소리도 내지 못했다. 엄청난 일을 겪으면 목소리가 나오지 않는다는 사실을 그때 알았다.

나는 학창 시절에 공부를 제법 잘했다. 하지만 성과 관련해서 나는 또 실패했다(당시에는 그렇게 느꼈다). 고등학교 1학년 때 학교 수련회에서 겪은 일이다. 음식을 먹고 체했는지 늦은 오후부터 속을 게우고 열이 났다. 저녁에 전교생이 강당에 모여 장기 자랑 프로그램에 참여했는데 나는 혼자 끙끙 앓으면서 방에 누워 있었다. 아프다고 하고 집으로 돌아오면 되었을 것을, 지금 생각하면 왜 그러고 있었나 싶다. 그때 그 나이 많은 남자 교사(교사라고 부르고 싶지도 않다)가 방으로 들어왔다. 땡땡이 부리는 학생들은 없는지 방마다 돌아다니며 점검하는 것 같았다.

그는 앓고 있는 나에게 가까이 다가와서 이것저것 물어보며 걱정을 해 주었다. 어느 부위가 아프냐며 손가락으로 배를 꾹꾹 눌러 보기 시작하더니 어느새 내 윗도리를 들추고 옷 속으로 손을 집어넣었다. 그 손은 내 몸 여기저기를, 그것도 맨살 위를 훑고 다녔다. 열이 나고 아픈 상태인 나를 그는 더듬고 있었다. 그는 선생이고 나는 학생이었다. 그의 거친 숨소리가 선명히 들렸다. 글을 쓰는 지금도 그 숨소리가 들리는 것만 같다. 그 당시 내 두 팔은 멀쩡했다. 그런데도 그를 저지할 수가 없었다. 내 몸은 얼어붙었다. 얼마나 그러고 있었을까. 무슨 이유에서였는지 그가 황급히 일어나 방을 나갔다.

그후 그 교사를 학교에서 자주 마주쳤는데 그는 언제나 내 눈길을 피했다. 나는 그날도, 그 이후로도, 그날 숙소에서 무슨 일이 있었는지 아무에게도 말하지 않았다. 다른 어른들에게 알려 봤자 소용없을 것 같았다. 나는 그 교사 앞에서 철저히 약자였다. 나는 그 일을 묻어 버렸다.

20대 초반에 한 남자를 알게 되었다. 나를 돕는 게 직업이었던 그는 친절했고, 도움이 필요했던 나는 그를 의지했다. 공적인 만남이 사적으로도 이어졌다. 어느 날, 그는 내게 동의를 구하지 않고 스킨십을 했다. 서로 호감을 갖고 있긴 했으나, 사귀는 관계가 아니었고 나는 스킨십을 원하지도 않았다. 하지만 강하게 저항하지도 못했다. 아이러니하게도 그 사건 이후 그와 나는 소위 '사귀는' 사이가 되었다. 그냥 그렇게 사귀는 단계로 넘어가는 것으로 생각하고 체념했다. 그때의 나는 '강제된 성'과 '동의한 성'을 구별하지 못했다.

애매하게 사귀는 관계가 되자 그는 점점 수위가 높은 스킨십을 요구했다. 요구를 거절하는 나에게 화를 내는 그의 기분을 살피는 게 연인으로서 내가 해야 하는 일이 되어 버렸다. 나는 그에게 버려질까 봐 두려웠다. 나의 상태는 여러모로 취약했고 나는 성에 대해 완전히 무지했다. 공부를 잘하고 좋은 대학에 다니는 건 아무 소용이 없었다. 그가 일방적으로 이별을 통보한 날, 나는 남자를 잘못 고른 책임, 의심을 살 만한 행동을 한 책임, 심지어 이런 일이 벌어지도록 나 자신을 방치한 책임까지 스스로에게 물으며 자책했다.

이후 진짜 사랑하는 남자를 만나 진지하게 연애를 할 때, 성과 관련해 내가 겪은 부정적인 경험들이 악재로 작용했다. 내 몸과 마음과 영혼에 숨어 있던 여러 상처들이, 그와의 관계에서 불쑥불쑥 튀어나왔다. 그런 상처들 때문에 나는 사랑하는 사람에게 의도하지 않았고 바라지 않았던 상처를 입히기도 했다.

교회를 통해서 새겨진 금지와 금욕의 정신, 상처 입은 부정적 경험들, 부모님에게서 남녀 관계가 악화하는 험난한 과정을 보면서 성장한 나는 성에 대한 지식뿐 아니라 제대로 된 관점도 전혀 갖추지 못했다. 거부해야만 할 것 같은 성이었기에 탐닉하게 될까 봐 조그만 욕망에도 과하게 자책했고, 그 기준으로 다른 사람도 판단했다. 주체적인 자아로서 내 몸과 마음이 원하는 바를 존중하기보다 상대방이 나를 떠날까 봐 전전긍긍하며 살았다. 돌아보면 부끄럽고 안쓰러운 시절이었다. 그 당시 성과 관련해 내게 어떤 충고, 나아가 평가를 들었던 사람들에게 진심으로 사과하고 싶다.

이러했던 내가 성을 공부하면서 비로소 예전의 나와 그때의 상황에 대해 새롭게, 제대로 해석할 수 있게 되었다. 나는 나를 함부로 다루는 사람들에게 "NO"라고 말하지 못했다. 나 자신을 사랑하는 것이 무엇을 의미하는지, 그게 왜 중요한지 잘 몰랐기 때문이다. 이제는 다른 사람이 잘못한 일에 대해 나를 책망해서는 안 된다는 것을 안다. 내 실수는 무엇이고 잘못은 무엇인지 구별할 수 있다. 몸에 대해 오해하고 있던 것을 바로잡으면서 진심으로 나를 아끼고 돌볼 수 있게 되었다. 성을 제대

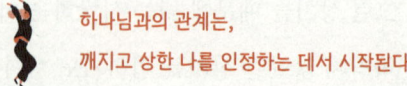
하나님과의 관계는,
깨지고 상한 나를 인정하는 데서 시작된다.

로 알고 이해하게 되자 내 속사람은 부쩍 강건해졌다. 그래서 지금은 감히 자신 있게 말할 수 있다. 상처가 있었어도 하나님이 본래 의도하신 성을 회복하고 추구할 수 있다고 말이다.

청소년과 청년들을 만날 때면 반드시 인용하는 구절이 있다. "지피지기(知彼知己)면, **백전불태(百戰不殆)**니라."『손자병법』에 나오는 구절로, 상대를 알고 나를 알면 백번 싸워도 위태롭지 않다는 뜻이다. 보통 이 구절을 '지피지기 백전백승'으로 잘못 알고 있지만 '백전백승'이 아니다. 모든 싸움에서 이길 수 있는 승리의 법칙은 존재하지 않는다는 것은 초등학생도 안다. '백전백승'이 아니라 '백전불태'다.

성과 관련해서 나는 실수도 했고 실패도 겪었다. 그로부터 나 자신을 일으키는 데 너무 많은 시간과 에너지를 쏟았다. 실패했어도 그것으로 끝이 아닌데 새로 시작할 수 있는 방법을 알려 주는 사람이 없었다. 사람은 태어나서 죽을 때까지 성적인 존재다. '백 세 인생'이라고들 하는데, 그렇다면 실수와 실패를 겪더라도 딛고 일어서서 남은 인생을 위태롭지 않게 사는 것이 더 중요하지 않겠는가. 나는 성 문제로 아픔을 겪은 사람들, 실수하고 실패한 이들에게 그게 끝이 아니라고 말해 준다. 어떻게 하면 앞으로 사랑의 표현으로서 성을 잘 이용할 수 있을지 같이 고민한다. 남자와 여자는 어떤 인간이 되어야 하는지 함께 생각하고 독려한다.

하나님은 우리의 연약함을 잘 아신다. 우리가 몸을 가진 존재이자 깨지기 쉬운 존재임을 이해하신다. 하나님은 "내 속 곧 내 육신에 선한 것이 거하지 아니하는 줄을" 아신다. "원함은 내게 있으나 선을 행하는 것은 없"다는 것도 아신다(롬 7:18). 내가 "곤고한 사람"(롬 7:24)임을 너무도 잘 이해하신다. C. S. 루이스가 『순전한 기독교』(홍성사)에서 썼듯이, "하나님이 우선적으로 우리로 하여금 추구하게 하시는 방향은 선 그 자체가 아니라 그것을 다시 시도하려는 능력이다. 순결이 아무리 중요하다고 하더라도…순결 그 자체보다 그것을 (다시 시도하려는) 과정이 우리 영혼의 습관을 훈련하게 한다."[5]

하나님과의 관계는, 깨지고 상한 나를 인정하는 데서 시작된다. 완벽하지 않은 나는 "우리를 우리 주 그리스도 예수 안에 있는 하나님의 사랑에서 끊을 수 없으리라"(롬 8:39)는 말씀을 신뢰하고 의지한다. 하나님의 사랑에 기대어 우리의 실패는 용서받을 수 있기에 절망할 필요가 없음을 안다. 그러므로 이제 '백전불태'를 위하여 상대방(성)을 알고 나를 알아보도록 하자.

핵심 메시지

1. 주제가 성이든 학습이든, 어른들이 고민해야 할 지점은 "어떻게 하면 아이들과 대화를 나눌 수 있을까" 하는 것이다.

2. 어른들의 선입견과 달리, 아이들은 그저 궁금해서 성에 대해 질문한다. 내가 가지고 있는 성 의식이 아이를 대할 때 드러난다.

3. 성교육은 나를 아끼고 사랑하는 것을 강조하는 만큼 타인에 대한 배려를 가르치는, '인간됨'에 관한 이야기다.

함께 생각해 볼 질문

1. 당신은 성에 대해서 무엇이 가장 궁금한가?

2. 당신이 성에 대해 갖고 있는 정서의 뿌리는 어디일까? 왜 그런 생각을 하게 되었나?

3. 몸과 마음과 관계에서, 지금 당신의 일상에 가장 영향을 끼치는 이슈는 무엇인가?

2장. 있는 모습 그대로

섹스란 무엇인가? - 성별과 정체성

> 그러므로 무엇이든지 남에게 대접을 받고자
> 하는 대로 너희도 남을 대접하라.
> **마태복음 7장 12절**

우리말로는 그냥 '성'(性)인데, 성을 영어사전에서 찾으면 'sex'와 'gender' 두 단어가 나온다. 섹스(sex)는 생물학적 성을 의미하고 젠더(gender)는 사회문화적 성을 의미한다. 성을 잘 알려면 섹스와 젠더를 아울러서 이해해야 한다. 성의 신체적 측면과 사회문화적 측면을 통합해서 해석해야 한다는 의미를 포함하는 개념이 '섹슈얼리티'(sexuality)다. 즉, 섹슈얼리티는 인간의 존재 방식이라고 할 수 있다. 나는 누구인가? 나는 어떤 존재인가? 나는 누군가와 어떻게 사랑할 것인가?

우리는 섹스 하면 으레 '성관계'를 먼저 떠올리지만 섹스의 원래 의미는 '성별'이다. 성별은 생물학적으로 남녀를 구분하는 신체적이고 유전학적인 용어다. 사람은 남자와 여자로 존재한다. 남자나 여자라는 몸을 통하여 자신을 이해하고 다른 사람과 관계를 맺는다. 여자로서 혹은 남자로서 세상을 보고 해석하고 맛보고 즐긴다. 희로애락을 겪는 우리 자신과 성별을 따로 떼어 생각하기란 거의 불가능하다.

그런 점에서 성별은 사람을 분류하는 가장 일차원적인 범주다. 아기가 태어나면 가장 먼저 성기를 보고 성별을 확인한다. 누군가를 만날 때 종종 가장 먼저, 가장 빨리 접수하는 것도 성별이다. 아이 이름을 지을 때도 성별을 감안한다. '언니'나 '형'처럼, 어떤 사람을 부를 때도 성별이 드러난다. 옷이나 헤어스타일로도 성별을 추측할 수 있다. 이처럼 성별은 개인의 정체성에 주요한 역할을 한다. 그렇다면 성별은 어떻게 형성되고, 우리는 성별을 어떻게 인지할까?

성기 이름 바르게 불러 주기

보통 남자아이의 성기는 '고추'라고 불린다. '고추가 있으면' 남자아이, '고추가 없으면' 여자아이로 인식한다. 나의 친할머니는 살아 계실 때 큰언니를 보며 종종 말씀하셨다. "저게 하나 달고 나왔으면 좀 좋았을꼬." 언니를 비롯한 손녀들은 할머니에게는 무언가가 '없는' 존재였다.

하지만 '있다/없다'로 성별을 인식하는 것부터 차별적이다.

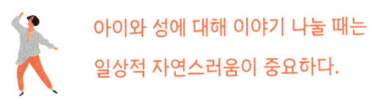
아이와 성에 대해 이야기 나눌 때는
일상적 자연스러움이 중요하다.

여자아이의 성기를 지칭하는 단어는 무엇일까? '잠지'라고 부르기도 하지만, 그마저도 사전적 정의로는 남자아이의 성기를 일컫는다. 그렇다 보니 여자아이의 성기를 '소중한 곳', '밑', '중요 부위'라고 두루뭉술하게 부르는 경우가 많다. 분명히 있는데도 없는 것처럼 여긴다. 신체 기관들은 모두 이름이 있고 우리는 이 이름으로 신체 기관을 구분하여 부른다. 이름이 다른 기관은 각각의 역할이 있다. 이름이 있다는 것은 존재를 인정받는다는 뜻이다. 이제 여자아이의 성기도 바르게 부르고 가르쳐야 한다.

그러면 남녀 성기의 정확한 이름은 무엇일까? 한 전문가는 예전부터 써 온 '자지, 보지'라는 단어를 쓰자고 이야기한다.[1] 하지만 이 단어들이 비속어로 받아들여지는 사회 문화 속에서 민망해하지 않고 이 단어들을 쓰기는 쉽지 않다. 아이와 성에 대해 이야기 나눌 때는 **일상적 자연스러움**이 중요한데, 부모인 내가 어색하고 불편해하면 아이들은 금세 알아차리고 말하기를 주저하게 된다. 아무리 아이여도 엄마, 아빠를 일부러 불편하게 만들고 싶지는 않기 때문이다. 이런 현실을 감안해서 미취학 아이의 성기는 '고추'와 '잠지'로, 학교에 들어간 아이라면 남자의 성기는 '음경', 여자의 성기는 '음순'으로 부르면 어떨까. 뭐라고 부르든 부모가 이 단어를 아이 앞에서 편하게 말할 수 있는 수준이면 된다. 부모들부터 연습해 보자.

달라도 문제없다

중학교 생물 수업에서 배우듯이, 생물의 유전 정보는 유전자에 저장되어 있고, 염색체는 이 유전 정보를 담아 전달하는 역할을 한다. 여자가 X염색체를 물려주고, 남자도 X염색체를 물려주면 여자아이가 태어난다. 남자가 Y염색체를 물려주면 남자아이가 태어난다. 그러나 유전자만 성별을 결정짓는 것은 아니다. 성별을 결정하는 데는 남성 호르몬이 영향을 미친다.

 태아의 성기는 남자든 여자든 처음에는 여자아이의 모습을 하고 있다. 수정 후 6-8주가 지나고 남자아이의 XY염색체가 작용하면서 남성 호르몬인 테스토스테론이 만들어진다. 이 테스토스테론은 남자와 여자를 구별하는 중요한 차이를 만드는데, 바로 고환과 음경을 생겨나게 하는 것이다.[2] 생김새가 사뭇 다른 남녀의 성기는 이런 과정을 거쳐서 형성된다.

 남자의 성기는 외부로 돌출된 형태라서 눈으로 직접 확인할 수 있다. 그래서 만약 성기에 질병이 생기면 발견할 가능성이 높다. 하지만 여자의 성기는 직접 확인하기가 어렵다. 거울을 사용하거나 다리를 벌리고 몸을 구부려 들여다보거나 카메라로 사진을 찍어야 확인할 수 있다. 성교육 강사들 중에 여자 청중들에게 자기 성기를 관찰해 보라는 과제를 내 주는 경우가 있다. 나도 그 숙제를 받아들고는 처음에는 꽤 난감했었다. 내 성기를 내가 보는 행위가 전혀 잘못이 아닌데도 "여자가 지금 뭐하는 거니, 조신하지 못하게!"라는 목소리가 들리는 것 같았다. '정숙한' 여자는 이런 행동을 하면 안 될 것 같았다. 딸이 자기 몸을 만지거나 탐구하는 행동을 보이면 아들에 비해 더 엄격한 태도를 취하는 부모도 있는데, 나는 나 자신에 대해서 그렇게 생각한 것이다. 성교육을 하면서 확인한 바로는 20-30대 젊은 층에서는 자기 성기를 관찰해 본 경험이 있는 여성들이 늘고 있다. 다행이라고 생각한다. 아는 만큼 이해할 수 있기 때문이다.

성기에 대한 지식이 부족하다 보니 오해나 선입견을 갖고 있는 경우가 많다. 청소년 성교육을 할 때 무기명 쪽지로 질문을 받곤 하는데, 남자 청소년들은 종종 음경의 '크기'와 관련해 질문한다. 한국 성인 남자의 음경 평균 길이는 8.5센티미터인데 크기는 키나 몸집과는 상관이 없다.[3] 음경의 크기는 태아였을 때 받은 테스토스테론의 양과 유전자가 결정한다. 많은 청소년이 자신의 음경 크기에 만족하지 않는 것 같다. 어릴 때 아버지나 할아버지 같은 성인 남자의 벗은 몸을 통해 자신의 음경이 작다고 인식했다면 그럴 수 있다. 화장실에서 소변을 보면서 옆에 있는 친구의 음경을 엿보고 자기 것과 비교하기도 한다. 또 이러저러한 경로로 음란물(포르노그래피)을 접한다. 음란물에 등장하는 남자 배우들은 약물이나 보형물을 이용해서 음경을 비정상적으로 크게 만들기도 한다. 이런 음란물이나 대중매체를 통해 남자 성기는 커야 좋은 것, 커야 여자를 만족시킬 것이라는 편견을 갖게 될 가능성이 높다. 그래서 일명 '해바라기 수술'이라는 남자 성기 확대술에 관심을 갖고 검색해 보는 청소년들도 있다.

여자아이들 역시 자기 성기에 문제가 있거나 비정상은 아닌지 의심하기도 한다. 이들도 음란물의 영향을 받는다. 음란물에 등장하는 여자 배우도 남자 배우와 마찬가지로 성기를 포장한다. 비대칭인 소음순(대음순 안쪽 좌우에 위치한 얇은 피부 주름)의 일부를 잘라내 대칭으로 만들기도 하고, 화장을 하거나 탈색을 하기도 한다. 일부 성형외과에서는 소음순 비대칭 혹은 소음순 비대증 운운하며 수술을 권장하는 광고를 하고, 그런 광고에 아이들이 현혹되기도 한다.[4]

교육 현장에서 이에 관한 질문을 받기도 하는데, 간혹 의학적 이유로 수술이 필요한 경우도 있으나 비대칭 자체는 정상이며 전혀 문제가 되지 않는다. 영국의 예술가 제이미 맥카트니(Jamie McCartney)는 2011년, 여성 소음순을 석고로 본떠서 만든 조각품으로 〈The Great Wall of Vagina〉(질의 위대한 벽)라는 작품을 만들고 전시회를 열었다. 이 작품을 보면, 프로젝트에 참여한 여성들의 음순 모양은 모두 제각각이다. 100명의 여성이 있다면 100가지 소음순 모양이 있는 것이다.

친구와 어른들 심지어 음란물에 나오는 성기를 자기 것과 비교하면서 아이들이 '정상과 비정상' 사이에서 고민한다. 세상에 나와 얼굴 생김새가 같은 사람은 아무도 없다. 게다가 나이와 성별이 같더라도 사람마다 성장 속도가 조금씩 다르다. 각 사람은 개별적으로 독특하다. 그러니 외모를 다른 누군가와 비교하는 건 아무 의미가 없다. 성인도 마찬가지지만 성장기 아이들에게는 자신의 몸을 긍정적으로 바라보는 것이 자아 존중감 형성에 매우 중요하다. 따라서 키나 몸무게의 성장에 대해 자녀들을 안심시켜 주듯이, 의학적 문제가 아니라면 성기의 모양이나 크기의 차이에 대해서도 부모들이 안심시켜 줄 필요가 있다. 달라도 문제없다고.

다르나 비슷하다

여자와 남자의 성기는 생김새가 사뭇 다르다. 그러나 동일한 원형에서 발생해서 남녀로 분화했기에 생김새는 다르지만 작동 과정은 비슷한 점이 많다. 남녀 성기의 구조, 역할, 오르가슴(성적 극치감)의 작동 원리를 정확히 아는 것이 남녀 간의 오해를 줄이고 사랑을 잘 나눌 수 있는 길이다.

음경은 해면체 조직으로 되어 있어서 평소보다 혈액이 많이 들어차면 크고 단단해진다. 이것을 '발기'라고 한다. 사춘기에 접어들면 성적 흥분 여부와 상관없이 몽정(수면 중에 정액이 흘러나오는 현상)이나 유정(깨어 있을 때 정액이 나오는 현상)을 경험하기도 한다.

발기 현상을 잘 몰라서 해프닝이 벌어지기도 한다. 중학교 1학년 남학생이 학교에서 쉬는 시간에 발기가 되었던 모양이다. 체육복을 입고 있어서 발기된 음경이 옷 밖으로 표시가 났고, 그런 남학생을 두고 몇몇 여학생이 '변태'라고 수군거렸다. 이때 사춘기 남자아이의 발기는 몸이 자라는 과정에 일어날 수 있는 자연스러운 현상임을 알고 있던 한 여학생이 나섰다. 남학생을 놀리던 여학생들에게는 그 아이가 변태라서 그런 게 아니라고 알려 주었고, 남학생에게는 자기 허리에 두르고 있던 체육복 상의를 풀어서 덮어 주었다고 한다. 정보와 배려로 양쪽을 아우른 그 여학생은 내 막내딸이다.

　여자의 성기에도 발기 조직이 있는데 바로 '음핵'이다. 사람의 신체 부위 중 오로지 '즐거움'만을 위해 기능하는 부위가 음핵이라고 한다. 음핵은 요도구 윗부분에 자리 잡고 있다. 겉으로 보이는 부위는 콩알만큼 작지만 몸속에 음경 크기만큼의 신경 말단 조직이 숨어 있다. 남자의 음경이 약 2,500개의 신경을 가진 데 비해 여자의 음핵은 음경의 세 배가 넘는 신경 말단을 가지고 있다. 이는 음핵이 음경보다 훨씬 더 자극에 민감하다는 말이다. 남자의 음경처럼 여자의 음핵을 부드럽게 애무하면 성적 쾌감에 이를 수 있다. 여자의 경우, 음핵을 비롯하여 소음순, 대음순, 질, 자궁, 나팔관, 골반 등까지 다 피가 들어찼다가 해소되면서 쾌감이 극대화된다. 따라서 오르가슴을 느끼기까지 남자에 비해 시간이 오래 걸린다. 음경과 음핵은 자극에 반응하는 특징이 있다. 성적 교감을 나누는 상황이 아니더라도 자극하면 기계적 반응이 일어날 수 있다는 뜻이다.

　대학생이던 *민주에게는 '썸남'이 있었다. 어느 날, 남자가 완력으로 민주에게 키스를 했다. 그뿐 아니었다. 남자는 민주의 성기를 자극하기 시작했다. 민주는 저항했으나 힘이 달려 소용이 없었다. 그 과정에서 민주의 음핵이 발기하면서 성적 흥분을 느꼈다. 그런 일을 겪은 민주는 엄청난 혼란에 빠졌다.

때로 성폭행 가해자가 피해자에게
"너도 즐기지 않았느냐"라는 발언을 한다.
몸에 대해 전혀 알지 못하는 무식의 소치다.

원하지 않았고 저항하던 상황이었음에도 자기 몸이 반응한 것을 어떻게 해석해야 좋을지 알 수가 없었다. 자기도 남자와 함께 즐긴 것인지, 자기가 음란한 사람인 것인지 도무지 이해하기 어려웠다. 민주는 자책감과 수치심에서 벗어날 수 없었다.

자위를 해 본 적 없는 민주는 성기의 특징을 잘 몰라서 오해한 것이다. 누군가 성기를 자극했을 때 흥분을 느끼는 것은 몸의 기계적 반응이다. 반응하지 않겠다고 굳게 마음을 먹는다고 해서 막을 수 있는 사안이 아니다. 민주가 동의하지 않았는데 남자가 완력을 사용해서 강제로 민주의 경계를 침범한 것은 잘못이고 나아가 범죄다. 때로 성폭력 가해자는 피해자에게 "너도 즐기지 않았느냐"라는 발언을 한다. 몸에 대해 전혀 알지 못하는 무식의 소치다.

외과의사인 폴 브랜드(Paul Brand)는 성적 쾌락은 '감각'이라기보다 '지각'이라고 말한다.

감촉, 온도, 통증을 감지하는 센서들은 몸이 또 다른 몸과 접촉하는 데서 비롯되는 기계적 양상들을 충실하게 기록한다. 하지만 쾌락은 단순한 보고 차원을 넘어 그 해석까지 모두 아우른다. 기대, 두려움, 기억, 죄의식, 사랑 따위의 주관적 요소들에 크게 의존하는 과정이다. 사랑하는 이들 사이의 성관계든 성폭행의 뼈아픈 경험이든 생리학적으로는 똑같은 신경 말단이 관여한다. 하지만 전자는 아름다움으로, 후자는 끔찍함으로 기록된다.[5]

눈에 보이지 않는 호르몬의 영향

남자와 여자에게는 남성 호르몬과 여성 호르몬, 두 가지 호르몬이 모두 분비된다. 미국의 발달심리학과 교수 크리스티아 스피어스 브라운(Christia Spears Brown)은 성호르몬에 관해 이렇게 말한다. "대부분의 부모는 여자 아기와 남자 아기가 같은 양의 테스토스테론을 가지고 태어난다는 사실을 알지 못한다. 단지 남자 아기들은 고환이 발달하는 데 대단히 중요한 4개월 동안 테스토스테론의 분비 급증(임신 4-6개월 이내에 끝난다)을 경험하는 것이 다를 뿐이다.…생후 4개월경부터 사춘기까지, 남자아이와 여자아이의 테스토스테론, 에스트로겐, 그밖의 성 관련 호르몬 수치는 전혀 다르지 않다."[6] 그러니 만약 일곱 살짜리 아들이 말썽 부리는 것을 테스토스테론 탓으로 돌리는 부모가 있다면 바로잡아 주라고 그는 말한다. 사춘기에 접어들면서 남자의 고환에서는 남성 호르몬이, 여자의 난소에서는 여성 호르몬이 폭발적으로 분비된다. 몸속에서는 이런 엄청난 변화가 일어나는데 학교와 집과 학원을 오가며 대부분의 시간을 책상에 앉아 있어야 하는 사춘기 아이들의 고충이 오죽할까 싶다.

테스토스테론으로 대표되는 남성 호르몬은 남자아이의 이차 성징에 관여한다. 이 시기에는 목소리가 변하고 체모와 수염이 늘어난다. 성 기관이 발달하고 성욕이 강해지며 근육과 뼈대도 굵어진다. 이 호르몬은 경쟁심이나 순간적 판단력, 탐험과 모험심 등을 불러일으킨다고 알려져 있다. 남자는 청소년기에 테스토스테론이 가장 많이 분비되는데, 이때는 이전에 비해 스무 배 이상의 호르몬이 분비된다. 남자는 70세가 넘어도 꽤 많은 양의 테스토스테론이 꾸준히 분비된다고 한다. 물론 같은 나이라도 분비량은 다를 수 있다.

테스토스테론은 남녀 모두가 성욕을 느끼도록 하는 데 핵심 역할을 맡는다. 그래서 여성 호르몬을 만드는 난소를 잃은 여성도 성적 흥분을 충분히 느낄 수 있고, 여성 호르몬의 분비가 멈추는 완경(폐경)기에도 성욕을 잃지 않는다. 다만 테스토스테론을 만들고 그 양을 조절하는 '부신'(좌우의 신장 위에 자리한 호르몬 생성 기관)의 기능이 저하되면 성욕도 줄어든다. 하지만 외부에서 테스토스테론을 투여하면 다시 성욕을 회복할 수 있다. 그래서 여성의 불감증을 치료하는 데 테스토스테론을 사용하기도 한다.[7]

대표적인 여성 호르몬 에스트로겐은 여자아이의 이차 성징에 관여한다. 난소, 질, 나팔관, 자궁, 젖샘 등의 발달을 촉진하거나 유지하고 임신, 출산, 육아에도 영향을 끼친다. 에스트로겐이 부족하면 여자아이의 경우 자궁이 발달하지 않으며, 성인은 자궁 조직이 퇴화한다. 자궁이 성숙하면 난소에서 난자가 나오고(배란), 수정이 일어나지 않으면 월경을 하는데 이런 순환을 여자는 30년 이상 반복한다. 여성 호르몬이 급격히 감소하는 시기에 이르면 월경이 불규칙해지고 완경에 이르게 된다.

여성 호르몬은 포물선 모양을 그리며 높아졌다 낮아지기를 반복하면서 몸과 마음에 여러 증상을 일으킨다. 개인에 따라 배란 때 배란통을 느끼거나 특정 음식이 당긴다는 사람도 있다. 월경 전에 피부 트러블이 생기거나 식욕이 상승하거나 어지럽거나 우울하거나 하는 증상들이 나타나기도 한다. 여자의 일생에 여성 호르몬은 무시할 수 없을 정도로 핵심적 역할을 맡는다.

성욕을 일으키는 호르몬인 테스토스테론은 여자보다 남자에게서 몇십 배나 많이 분비된다. 이 때문에 일반적으로 여자보다 남자의 성욕이 크다고 말한다. 그런데 실제로 남녀의 성

다른 사람의 성적 결정권까지 한 사람에게 지우는 것은 책임 전가에 불과하다. 각자가 분명한 기준을 가지고 스스로를 감독하는 것이 중요하다.

욕이 크게 차이가 날까?

우리는 자라면서 윤리 교육이나 종교 교육을 받는다. 그럴 때 여자는 남자와는 달리 자신의 성욕에 대해 무심하거나 소극적이어야 한다는 메시지를 대놓고 혹은 은연중에 듣는다. "남자의 성욕은 여자보다 강해서 스스로의 힘으로는 욕구를 조절하기가 힘들다. 그러니 여자가 브레이크를 쥐고 있어야 한다." 나는 이렇게 말하는 사람을 꽤 자주 보았다. 스킨십의 진도를 나갈지 말지, 여자가 결정권을 가지고 그 책임 또한 지라는 것이다. 이십 대 때 이성 교제 강의에서 이런 이야기를 들었던 나는, 성적 욕망을 느낄 때 나 자신을 탓했다. 원하지 않는 스킨십을 하게 되는 이유는 내가 브레이크를 제대로 사용하지 못해서라고 생각했다. 안타깝지만 요즘도 이런 내용으로 성교육을 하는 곳이 있다.

테스토스테론의 '양'만 따지면 일반적으로 남자가 여자보다 많지만 테스토스테론이 남자와 여자의 몸에 작용하는 '정도'는 같다. 성과학(sexology)에서는 이를 '성욕 등가의 원칙'이라고 부르고, 예방 주사의 원리로 설명한다.[8] 즉, 주사를 놓을 때 아이에게는 어른보다 훨씬 적은 양의 주사약을 사용한다. 그렇지만 어른이든 아이든 나타나는 효과는 비슷하다. 이는 일반적으로 여자들은 남자들보다 훨씬 적은 양의 테스토스테론으로도 남자와 비슷한 성욕을 가진다는 의미다. 여기에도 개인차는 있고 상황에 따른 차이도 존재한다.

남자는 사정을 한 직후는 불응기로서 다시 사정하기까지 시간이 필요한 데 비해, 여자는 불응기가 없어 여러 차례 오르가슴을 느낄 수 있으므로 여성의 성욕이 더 강하다고도 볼 수 있다. 또한 갱년기에 들어서면 남자와 여자의 호르몬 역동이 이전과는 사뭇 달라지므로 남자의 성욕이 늘 강하다고만은 말할 수 없다. 이상의 내용을 보더라도 다른 사람의 성적 결정권까지 한 사람에게 지우는 것은 책임 전가에 불과하다. 각자가 분명한 기준을 가지고 스스로를 감독하는 것이 중요하다.[9]

여자인가 남자인가

하나님은 하나님의 형상을 따라 남자와 여자를 창조하셨다. "지구 위에 반은 남자, 지구 위에 반은 여자"라는 오래된 가요의 노랫말처럼, 성별이 이렇게 반으로 나뉘는 것은 나를 비롯한 대부분의 사람에게 상식일 것이다. 남자와 여자는 물론이고 흑과 백, 선과 악 같은 이분법은 내가 세상을 이해하는 주된 방식이었다. 그랬던 내 관점에 변화가 찾아왔다.

독일에서 태어난 린(Lynn D.)은 남자와 여자의 성기를 모두 가지고 태어났다. 린의 부모는 의사의 권유를 받아 린의 성별을 여자로 선택했다. 린은 남자 성기를 제거하는 수술을 받았고 여자로서의 삶을 시작했다. 하지만 이후에도 여러 차례의 대수술을 받아야 했고, 사춘기가 시작되면서부터는 매주 성장 억제제와 상당량의 호르몬 주사를 맞아야 했다. 늘 성 정체성 혼란에 시달리던 린은 10대가 되면서 자해를 하기 시작했고, '외상 후 스트레스 장애' 증상을 보였으며 자살을 시도했다.[10]

어릴 적에 의사와 부모님이 자기 성별을 여자로 결정했다는 사실을 알게 된 린은 성인이 되어 출생기록부에 자신의 성별을 여자에서 '간성'(間性, intersex) 또는 '제3의 성'으로 변경하려고 했다. 하지만 받아들여지지 않자 소송을 제기했다. 린은 자신이 X염색체를 하나만 갖고 있음을 확인시켜 주는 염색체 분석 결과를 재판부에 제출했다. 린이 법정 싸움을 벌인 덕분에 독일 정부는 공문서에 성별을 적을 때 남자나 여자가 아닌 '제3의 성'을 등록할 수 있도록 승인했으며, 마침내 2019년 1월 1일부터 법이 발효되었다.

스포츠계에서 오랫동안 성별 논란이 끊이지 않는 선수가 있다. 2009년 베를린 세계육상선수권대회 여자 800미터 경기에서 우승한 남아프리카공화국의 캐스터 세메냐(Caster Semenya) 선수다. 압도적 기록으로 경기에서 우승한 후 그의 성별에 의문을 제기하는 목소리가 이어졌다. 세메냐는 여자로 자라 왔고 심리적·사회적으로 여성이라는 판정을 받았지만 경기 전 시행한 성별 검사 결과, 자궁과 난소가 없었고 대신 테스토스테론을 생성하는 고환이 있어서 일반 여자에 비해 세 배 정도 많은 테스토스테론을 분비하는 것으로 분석되었다. 또 얼굴이나 목소리, 달리기 주법도 남자에 가까운 것으로 나타났다. 그는 유전적으로 '안드로겐 불감성 증후군'을 가지고 태어난 여자다.[11]

국제육상경기연맹은 세메냐처럼 여자지만 온전히 여자가 아닌 '제3의 성'을 가진 선수들, '성적 발달이 다른' 여자 선수를 상대로 형평성에 문제를 제기했다. 결국 국제스포츠중재재판소는 이들에게 약물을 투여해 테스토스테론 수치를 낮추라고 권고했다. 세메냐는 이에 불복하면서 싸워 나가겠다고 했다.[12]

여성과 남성 그리고 간성

대부분의 사람은 XY염색체에 남자 생식기(고환, 전립선, 정낭, 음경) 혹은 XX염색체에 여자 생식기(난소, 나팔관, 질, 음순, 음핵)를 가지고 있다. 그런데 성기처럼 눈에 보이는 신체적 특징이나, 염색체, 유전자, 호르몬처럼 눈에는 보이지 않지만 성별을 구별해 주는 요소들이 밖으로 드러난 정도가 전형적인 여자, 남자와는 다른 경우 이를 '간성'이라고 부른다. 의학계에서는 이를 '성 분화 이상'으로 본다. 간혹 염색체도 정상이고 유전자도 정상이지만, 환경 호르몬 같은 이차적 원인에 따라 그 사람이 가지고 있는 성별이 충분히 드러나지 않은 경우까지도 포함할 수 있다.[13] 간성은 트랜스젠더와는 개념의 범주가 다르다. 또한 간성인은 이성애자일 수도 있고 동성애자일 수도 있다. 트랜스젠더와 이성애/동성애에 대한 설명은 뒤에서 하겠다.

앞에서 예시로 든 린은 여자지만 X염색체를 하나만 갖고 있어 '터너 증후군' 진단을 받았다. 이들은 두 번째 성염색체의 부분 혹은 전체 결핍으로 XO염색체를 가지고 있다. '클라이펠터 증후군'을 가진 사람들은 두 개 이상의 X염색체와 한 개의 Y염색체를 갖는다. 한편, '부신 성기 증후군'이라는 질병이 있다. 유전적으로 부신 피질 호르몬 분비에 이상을 유발하는 질병을 일컫는데, 남자의 이차 성징을 발달시키는 호르몬이 지나치게 많이 생겨서 여성에게 남성화 현상을 일으킨다. 이런 사람들의 성을 우리는 어떻게 이해해야 할까?

신학자 메건 드프란자(Megan K. DeFranza)는 2,500명 중 한 명은 간성으로 태어난다고 보고,[14] 2017년 유엔 인권 고등판무관실(현 유엔 최고대표사무소)은 전 세계 인구 중 0.05퍼센트에서 최대 1.7퍼센트까지가 간성이라고 추정했다.[15] 간성인 사람이 얼마나 되는지 정확히 말하기는 어렵지만, 북미간성협회(Intersex Society of North America, ISNA)는 100명 중 한 명, 즉 전체 인구의 1퍼센트가 전형적인 남자 또는 여자와 다른 신체를 가지고 태어난다고 추정한다. 텔레비전에서 급하게 Rh-혈액형을 구한다는 광고를 본 적이 있을 것이다. 우리나라 인구 중에 Rh-혈액형을 가진 사람의 비율이 0.1-0.3퍼센트라고 한다.[16] 이 수치와 비교해 보면, 당사자가 말을 안 하고 우리가 몰라서 그렇지 간성인 사람들이 우리 주변에도 있을 것이다.

어떤 사람은 자기가 간성으로 태어난 줄 모르고 살다가 사춘기가 되어 이차 성징이 나타나면서 알게 되는 일도 있다. 혹은 불임이라는 사실을 알게 되었을 때나 사망 후 부검할 때 간성이었다는 사실이 드러나기도 한다.[17] 즉 간성이란 반드시 태어날 때만의 조건은 아니고, 자신이 간성인 줄 평생 모르고 살다가 사망하는 경우도 있다.[18] 의료계에서는 무엇을 간성으로 간주할 것인가에 대해서 논란이 있다. 앞으로 과학이 더 발달해서 밝혀내야 할 영역이다.

있는 모습 그대로

세상에 알려진 간성인들을 제외하면 주변에서 간성인을 보기는 쉽지 않다. 아마도 간성으로 태어난 아이가 어릴 때 가능한 한 빨리 의료진과 부모가 성별을 결정해서 수술해 주는 경우가 많기 때문일 것이다. 그렇게 하는 이유는 아이가 자라면서 자기 몸이 남들과 다르다는 이유로 받을 상처를 최소화해 주려는 좋은 의도에서다. 하지만 성별은 성기 모양, 염색체, 호르몬, 스스로 자신을 어떤 성별로 인지하느냐 하는 점까지 복합적으로 검토해야 하는 사안이다. 이런 검토 없이 부모나 의사가 일방적으로 성별을 결정했을 때 당사자는 정신적·육체적 고통을 받을 수도 있다. 그래서 아이가 간성으로 태어나면 이차 성징이 나타날 때까지 수술을 미루어야 한다는 전문가도 있고, 앞서 말했듯이 아이가 혼란스럽지 않도록 가능한 한 빨리 수술해 주어야 한다는 견해도 있다.

사람을 남자나 여자, '둘 중 하나'로 나누는 이분법적 시각이 대부분의 사람에게는 유효하다. 사회 관습, 정책, 법률 체계 등은 이런 이분법적 사고에 근거해 구성되고 실행되어 왔다.[19] 간성의 개념을 모르거나 간성인의 존재를 알지 못하는 사람들은 사람을 '여자' 아니면 '남자'로 인식한다. 이 구분은 매우 단순

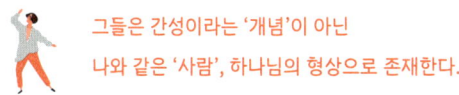
그들은 간성이라는 '개념'이 아닌
나와 같은 '사람', 하나님의 형상으로 존재한다.

하고 명확해서 세상 모든 사람이 양쪽 카테고리에 '당연히' 포함될 것이고 더 나아가 그래야 한다고 '믿을' 것이다.

하지만 생물학자, 심리학자, 신학자, 여성학자 등의 연구와 글을 살펴보면 생물학적 성의 발달은 복잡한 과정이라는 점과 모든 사람의 신체가 남자와 여자라는 이분법으로 딱 떨어지는 것이 아님을 알 수 있다. 대부분의 사람은 성별이 둘 중 하나지만 **어디에도 속하지 않는 사람들**이 비록 소수라도 무시할 수 없는 숫자로 존재하는 것이다. 간성의 존재는 이분법의 세상 속에서 어디에도 속하지 않는, 속할 수 없는 소수의 사람이 있음을 기억하게 해 준다. 이들은 내 가족일 수도, 이웃일 수도, 공동체 안의 형제자매일 수도 있다. 그들은 간성이라는 '개념'이 아닌 나와 같은 **사람, 하나님의 형상**으로 존재한다.

간성의 존재를 알고 나서 나는 나 자신이 모르는 게 많다는 사실을 인정하게 되었다. 그간 내 주위에 없었으니까, 내가 모르니까 존재하면 안 된다는 생각만큼 무서운 게 없다. 나이가 들수록 겸손해야 함을 더 깊이 깨닫는다. 답을 알 수 없는 일이 많다. 간성이 발생하는 원인이 무엇이든, 하나님은 존재 그대로 우리를 사랑하신다. 우리를 틀에 가두지 않고, 있는 그대로 받아 주시는 하나님의 품은 상상할 수 없을 정도로 넓다. 어느 복음성가 가사처럼, 하나님은 우리가 '있는 모습 그대로' 다가가도 품어 주신다.

성별 정체성이란? 성적 지향이란?

어떤 사람은 남자의 몸을 가지고 태어났지만 자신을 여자로 생각한다. 여자이지만 남자가 되기를 바라는 사람도 있다. 태어났을 때 부여받은 성별과 자신을 어떤 성별로 '인식'하느냐는 다른 문제다. 그것을 '성별 정체성' 혹은 '성 정체성'(gender identity)이라고 부르는데, '거울을 봤을 때 자신이 보고 싶은 사람'을 의미한다.[20] '자신이 누구로 느껴지느냐 혹은 누구였으면 좋겠느냐' 하는 개념이다.

나는 생물학적으로 여자고 나 자신을 여자로 인식한다. 여자라는 게 너무 고통스러워서 남자로 다시 태어나기를 강하게 바란 적이 없다. 그러나 어떤 사람들은 자신의 성별에 따른 외모, 옷차림, 신체, 성 역할 등에 불편함을 느끼거나 정해진 성별에서 벗어나 반대의 성별 또는 남자/여자가 아닌 독자적인 성별로 자신을 인식한다. 태어났을 때의 성별은 남자이지만 본인을 여자로 정체화하는 경우 MTF(Male to Female)라 부르며, 태어났을 때의 성별은 여자인데 본인을 남자로 정체화하는 경우 FTM(Female to Male)이라고 부른다. 자신의 성 정체성을 여자 혹은 남자로 구별하지 않고 '제3의 성'으로 정체화하는 논바이너리(Non-binary) 트랜스젠더도 있다.

성 건강 전문가들은 이런 증상을 '성별 위화감/불쾌감'(Gender Dysphoria) 혹은 '성별 불일치'(Gender Incongruence)라고 부른다. 성별 정체성과 성별이 같은 경우를 '시스젠더'(Cisgender), 다른 경우를 '트랜스젠더'(Transgender)라고 일컫는다. 트랜스젠더 중에 성기 수술을 받아 성별을 변경하는 경우 '트랜스섹슈얼'이라고 따로 떼어 부르기도 한다. 트랜스젠더의 삶을 다루는 영화나 다큐멘터리들을 보면 성별 위화감으로 인한 고통의 의미와 강도를 엿볼 수 있다.[21]

그렇다면 동성애자니 이성애자니 하는 성적 지향(sexual orientation)이란 무엇일까? 어떤 청년이 내게 물었다. "트랜스젠더는 모두 동성애자인가요?" 트랜스젠더와 동성애자는 전혀 다른 범주의 개념이다. 성적 지향은 성적으로 이끌리는 상대가 동성인지 이성인지에 따라 구분된다. 우리 사회에는 이성애자가 대부분이지만, 동성애자도 있고 스스로를 양성애자 혹은 무성애자라고 말하는 사람들도 분명히 존재한다. (나는 이성애, 동성애에 대해서만 이야기하려고 한다.)

교회에서 '동성애는 죄'라고 배운 것 외에 나는 동성애를 몰랐고 관심도 없었다. 학생들이나 후배들이 "동성에게 자꾸 마음이 끌려요. 어떻게 하면 좋나요?"라는 고민을 털어놓을 때도, 동성애에 대해 아무것도 몰랐던 나는 '저러다 말겠지'라고 생각했다. 그렇게 말했던 이들이 나중에 이성과 연애나 결혼을 하는 모습을 보면서, 동성애는 그저 어릴 때 스쳐 지나가는 바람 정도로 여겼다. 시간이 다 해결해 줄 거라 믿었다. 한편으로는 내가 아끼는 사람들, 특히 내 자식만큼은 동성애자가 아니면 좋겠다고 막연하게 생각했다. 그 사이 뉴스에서는 동성애자들이 광장에 나왔다고 욕을 먹거나, 차별을 받거나, 죽거나 하는 가슴 아픈 소식이 들렸다.

앞서 언급했지만 간성을 공부하면서 인간을 바라보는 나의 관점은 획기적으로 변했다. 만약 성별이 무 자르듯 분명하게 나뉘는 것이 아니라면, 중간 어느 지점에 소수의 사람이 존재한다면, 그들은 어떤 성별에게 끌릴까? 간성인의 사랑은 동성애일까, 이성애일까? 전에 해 보지 않은 질문이 생겼다. 여태 '동성애는 죄'라고 배워 온 나로서는 이렇게 질문하는 것 자체만으로도 선을 넘는 것 같았다. 그리스도인은 과연 성적 지향을 어떻게 이해해야 할까?

성 소수자

앞에서 자신을 어느 성별로 인식하느냐를 가름하는 '성별 정체성', 성적으로 이끌리는 상대가 누구인지를 가름하는 '성적 지향'의 개념을 살펴보았다. 우리 사회에는 성별 정체성이 시스젠더인 사람, 성적 지향이 이성애인 사람이 대부분이다. 하지만 시스젠더나 이성애자가 아닌 성별 정체성이나 성적 지향을 띤 소수의 사람들이 있다. 여기서 '소수'라는 단어는 수적으로 소수라는 의미만이 아닌 질적으로도 다수가 아니라서 쉽게 배제와 차별의 대상이 된다는 의미를 지닌다.

동성애를 과학적으로 설명해 보려는 움직임은 꾸준히 있었다. 동성애를 옹호하는 쪽과 반대하는 쪽 모두 이를 연구해 왔다. 동성애는 타고나는 것인가 학습되는 것인가, 유전적인 것인가 행동적인 것인가 아니면 선택인가? 연구자마다, 입장마다 연구 결과를 두고 해석이 분분하다.

인간의 성생활을 연구한 것으로 유명한 동물학자이자 성과학자 앨프리드 찰스 킨제이(Alfred Charles Kinsey)는 이전까지 금기시되었던 성에 대해 아주 방대한 연구 결과를 내놓았다. 그는 1948년에는 남성의 성 행동, 1953년에는 여성의 성 행동에 대한 보고서를 출간했다. 킨제이는 표본 조사 결과를 바탕으로,

인간의 성적 지향이 연속성을 가진다고 설명했다. 절대적인 이성애자부터 절대적인 동성애자, 그리고 성적 지향을 가지지 않는 사람까지, 인간은 이 연속성 위의 어느 지점에 위치한다는 것이다.

킨제이 보고서의 특징은 동성애자를 비정상으로 보지 않고 **평균과 다른 통계적 소수자**로 보았다는 점이다. 그의 연구에서는 남자 동성애자(게이)가 전체 인구의 4퍼센트, 여자 동성애자(레즈비언)는 2퍼센트 내외였다. 남자 쪽이 두 배로 많다. 신기하게도 수십 년간 반복돼 온 다른 연구 통계에서도 결과치는 거의 비슷하다.[22] '평균과 다른 통계적 소수자', 이 문장은 간성에 대한 연구에서도 반복적으로 등장한다.

2012년 갤럽 조사에서는 미국의 18-29세 인구 중 6.4퍼센트가 동성애자라는 결과가 나왔다. 통상 어느 사회에나 2-15퍼센트의 동성애자가 있다고 추정되는데 문화 조건, 성별 규범, 이성애 제도의 강제성 정도에 따라 유동적이라는 의견도 있다.[23] 어떤 학자는 미국인들의 성 행동에 관해 전국적으로 연구한 결과, 남자 7.7퍼센트와 여자 7.5퍼센트가 동성애적 욕구를 드러낸다고 말했다. 그러나 남자 2.8퍼센트와 여자 1.4퍼센트만이 자신을 게이나 레즈비언으로 확신했다고 한다.[24]

우리나라는 동성애자에 대한 정확한 통계가 없다. 아마 조사를 한다면 동성애자 비율이 미국보다 낮지 않을까 추정한다. 성별 규범이 확고하고 이성애 중심의 가족주의를 강조하는 우리 문화에서는 자신이 동성애자임을 거부하거나 숨길 가능성이 높을 것이다.

리사 맥민은 말한다. "누군가에게 성적인 매력을 느끼는 부분에서 완전히 동성애적이거나 완전히 이성애적인 사람은 거의 없다."[25] 그는 인간에게는 누구나 동성과 이성을 좋아하는 감정이 있다고 본다. 인간의 사랑은 배타적 동성애와 극단적 이성애라는, 연속적 스펙트럼상의 어딘가에 존재한다. 나는 여자이지만 다른 여자에게 매력을 느끼기도 한다. 다만 그것이 성관계를 하거나 성적 교감을 나누는 것으로 이어지지 않는다. 원래 이성애도 인간적 호감에서 출발하지 않는가.

성적 지향과 성적 행위가 반드시 함께 가지는 않는다. 두 사안을 구별해야 한다. 이성애자가 누군가를 사랑한다고 해서 언제나 성관계를 하지는 않듯, 자신을 동성애자라고 생각하면서도 동성애적 욕구를 행동으로 옮기지는 않는 사람들이 있다. 그 반면, 동성애적 행위를 하면서도 자신을 동성애자라고 생각하지 않는 사람들도 있고, 결혼을 하고 자녀가 있음에도 본인은 동성애적 지향을 가지고 있다고 고백하기도 한다.

과학자들은 성적 지향도 사람의 체형이나 모발색처럼 선천

이제 대부분의 전문가 그룹은 동성애자를
비정상인이 아닌 성 소수자로 본다.
더는 질병으로 보지 않는다.

적 요인이 작용한다고 볼 수 있는 연구 결과를 발표하고 있다. 미국심리학회(American Psychological Association)는 다음과 같이 발표했다. "현재 대부분의 과학자들은 성적 지향이 환경적 요인, 인지적 요인, 생물학적 요인이 복잡하게 얽혀 이루어진 결과일 가능성이 크다는 데 동의한다.…유전자나 선천적인 호르몬 요인을 포함한 생물학적 부분이 중요한 역할을 한다는 상당한 증거도 있다."[26]

이제 대부분의 전문가 그룹은 동성애자를 비정상인이 아닌 성 소수자로 본다. 동성애를 더는 질병으로 보지 않는다. 미국정신의학회(American Psychiatric Association)는 1973년에 동성애가 정신 질환이 아니라는 공식 견해를 내놓았고, 세계보건기구(WHO)는 1990년에 동성애를 공식적으로 정신 질환 범주에서 제외시켰다. 사회생활 능력에 어떤 손상도 주지 않으므로 동성애는 치료해야 하는 질병이 아니라는 것이다. 미국정신의학회는 1998년, 성적 지향을 바꾸어야 한다고 주장하는 '전환 치료'에 대해 반대 성명을 냈다. 이 성명은 2018년에 성적 지향뿐 아니라 성별 정체성에 대한 것으로 확대되었다. 같은 해, 세계보건

기구 또한 트랜스젠더를 지칭하던 '성별 불일치'를 정신 질환 범주에서 제외시켰다.

정신 질환 목록에 포함되는지 여부를 떠나, 본인의 성적 지향으로 심적 고통을 당하는 당사자가 있다면 의학적 도움을 받아야 할 것이다. 하지만 동성애 자체보다 동성애자를 혐오하고 낙인찍는 사회문화적 분위기가 동성애자들의 정신 건강을 위협하는 것은 아닐지 생각해 볼 문제다.

그리스도인과 동성애

한국 교회 목회자와 신학자들은 대체로 동성애를 회개해야 할 죄 혹은 치료해야 할 질병으로 간주한다. 동성애라는 죄를 회개하고 성적 지향을 바꾼 후에 이성과 결혼했다는 사람이 간증을 하기도 한다. '전환 치료'를 받으면 동성애가 이성애로 바뀐다고 말하는 의사도 있고, 실제 동성애를 치료했다는 사람의 증언도 있다.

'동성애를 어떻게 바라봐야 하는가' 하는 문제는, 동성애와 관련한 성경 구절을 어떻게 해석하느냐에 따라 그리스도인들 사이에서도 의견이 나뉜다. 이는 크게 네 가지 입장으로 나눌 수 있다. 첫째, 동성애는 '선택'하지 않을 수 있고 선택하지 않아야만 하는 생활 방식이므로 동성애를 선택한 것은 하나님의 창조 질서에 대한 반역이라는 강경한 입장이다. 이런 강경한 입장을 가진 사람들이 앞장서서 동성애자들을 차별하고 혐오를 부추긴다. 동성애라는 죄를 저지른 죗값을 묻는 것이다. 둘째, 인간의 타락으로 인해 생긴 질병이니 치료가 필요하다는 입장이다. 이들은 동성애라는 비정상적 상태에서 이성애라는 정상적 상태로 전환 치료가 가능하다고 주장한다. 셋째, 동성애는 사회 환경과 학습의 상호 작용일 뿐만 아니라 생물학적 기질을 포함하니 치료받고 싶다고 다 치료가 되는 것은 아니라는 입장이다. 넷째, 동성애는 일차적으로 생물학적 근거를 지니고 있으니 거리낌 없이 받아들일 수 있다는 입장이다.[27]

각자 자기가 타당하다고 생각하는 신학자들의 해석을 들고 나와 싸우는 모습을 신문 지면, 온라인 커뮤니티, SNS 등에서 어렵지 않게 볼 수 있다. '동성애는 죄'라는 주장과 '동성애는 자연적인 것'이라는, 크게 두 진영으로 나뉜 사람들이 건전한 토론을 하는 것은 불가능해 보인다. 처음에는 상대의 의견을 반박하다가 상대를 공격하고 비아냥대는 것은 물론 욕하고 저주하는 것으로 끝이 나는 경우가 대부분이다.

2018년에 『동성애에 대한 두 가지 견해』(IVP)가 출간되었다. 편집자가 서문에서 밝혔듯이, 이 책은 복음주의 기독 출판사에서 동성애 이슈를 다룬 첫 번째 시도다. 네 명의 신학자 윌리엄 로더(William Loader), 메건 드프란자(Megan K. DeFranza), 웨슬리 힐(Wesley Hill), 스티븐 홈스(Stephen R. Holmes)는 동성애에 대한 이론적이고도 실천적인 주장을 펼친다. 이 주제에 관해 말씀을 붙들고 씨름해 준 신학자들의 노고에 진심으로 경의를 표한다.

일방적 주장만 있을 뿐 토론이 이루어지지 않는 한국 교회 상황에서 이 책을 함께 읽는 것만으로도 매우 유익할 것이다. 네 사람의 주장을 크게 두 가지로 나눠 보자면, 윌리엄 로더와 메건 드프란자는 '(게이와 레즈비언의 결혼 관계도 이성애 결혼과 마찬가지로 하나님 앞에서 신성한 관계로 인정받을 수 있다는 관점에 제한해서) 긍정적'인 입장을 취하고 있고, 웨슬리 힐과 스티븐 홈스는 '(모든 종류의 동성 간 성관계를 성경과 기독교 신학이 금지한다는 입장에 국한해서) 전통적'인 입장에 서 있다. 이렇게 크게 둘로 나뉜 네 명의 신학자는 동성애에 대해 같거나 다른 견해를 보인다. 책은 네 명의 신학자가 각자 연구한 바에 근거한 주장을 펼치고 다른 학자들이 그 주장에 동조하거나 비판하는 방식으로 구성되어 있다. 논의 후에 자신의 견해를 바꾼 사람이 없을 정도로 이들은 자기가 연구한 바를 확신한다. 그러면서도 자기의 견해와 다른 상대방을 존중하고 예의를 지키면서 대화하는 모습을 보여 준다.

네 저자에게는 공통점이 있다. 이들은 모두 동성애자의 존재를 인정한다. 이성보다는 동성과 친밀한 관계를 맺기 갈망하는 사람들이 분명히 존재한다는 것이다. 그러니 교회가 이들의 존재를 부인하면 안 된다는 것이 이들의 공통적 주장이다. 또한, 네 명 모두 성관계는 **결혼이라는 배타적 관계** 안에서 가능하다고 본다. 나 역시 이들의 공통 주장에 동의한다.

하지만 네 저자는 동성애 반대 근거로 사용되는 레위기와 로마서의 구절들을 다르게 해석한다. 로더는 성경이 분명히 모든 형태의 동성 간 성관계를 금지한다고 말한다. 하지만 성경을 현대 윤리에 적용할 때는 다른 학문의 도움을 받아서 재해석해야 한다고 설명한다. 1세기의 이해로 21세기를 전부 해석할 수 없다는 것이다. 그러면서 기독교는 새로운 이해로 인해 성경의 명령을 재고해야 하는 경우와 늘 씨름해 왔다는 사실을 상기시킨다. 그는 인간이 이성애자도 될 수 있고 동성애자도 될 수 있다고 인정하는 것이 성경이 인간에 대해서 말하는 모든 것을 저버린다는 뜻은 아니라고 말한다. 드프란자는 생물학적 성의 발달은 복잡한 과정이라는 인식에서부터 동성애에 대한 사고의 폭을 넓혀 왔다고 밝힌다. 그는 성경에서 금지하는 동성 관계는 동성 간의 인격적 사랑이 아니라 문제가 되는 특정 관계, 즉 성폭행을 금지하는 것이라고 말한다. 동성애를 금지한다고 알려진 성경 본문은 서로 합의한 배타적 동성 간

결합에 초점을 두지 않는다는 게 그의 설명이다.

힐은 본인이 게이라고 밝힌다. 사춘기 시절부터 남자를 향해 우정 이상의 것을 원했다고 한다. 그러면서도 성행위를 동반하는 동성애 관계는 긍정하지 않는다. 성경의 내용은 그리스도인들의 삶에서 동성 간 성관계를 배제하는 것으로 보인다고 밝힌다. 따라서 동성애자 그리스도인들에게 독신으로서 공동체에 속해 영적 우정을 맺으며 살 것을 제안한다. 그는 이렇게 하는 것이 존경할 만한 기독교 전통을 따르는 길이라고 말한다. 홈스는 기독교 역사에서 결혼은 남자와 여자의 성적 상호 보완성이라고 말한다. 결혼의 주된 목적이 자녀 출생이므로, 자녀를 출생할 수 없는 동성 관계는 하나님 앞에서 거룩한 삶이 아니라고 배제한다. 그렇더라도 역사 속에서 교회가 이혼한 사람들을 위한 자리를 만들어 주었던 것처럼, 동성애 관계를 긍정하지 않는 교회도 동성애자들을 목회적으로 수용할 수 있는 가능성을 탐구해야 한다고 말한다.

네 신학자의 성경 해석과 근거 모두 너무나 타당하여, 어떤 해석만이 옳다고 단정하기가 매우 어렵다. 동성애를 언급하는 것으로 보이는 성경 구절들을 어떻게 해석할 것인가는 의견이 분분하더라도, 나는 성경 전체가 지향하는 정신만은 확실하다고 믿는다. 그건 바로, 하나님은 동성애자들을 보고 놀라고 혐

나는 성경 전체가 지향하는 정신만은 확실하다고 믿는다.
그건 바로, 하나님은 동성애자들을 보고 놀라고
혐오하시는 게 아니라 그들과 관계를 맺기 원하신다는 점이다.

오하시는 게 아니라 그들과 관계를 맺기 원하신다는 점이다. 그리고 우리에게는 그가 누구든 차별하지 말고 "네 이웃을 네 자신과 같이 사랑하라"(마 19:19)고 말씀하신다는 것이다.

차별과 혐오가 옳은가

2015년에 〈불온한 당신〉이라는 다큐멘터리가 개봉되었다. 영화에는 '바지씨'라고 불리는 트랜스젠더인 이성애자(그러나 사람들에게는 동성애자로 인식된) 주인공이 등장한다. 이영 감독은 폭력적인 극우주의자들이 '바지씨' 같은 성 소수자를 어떻게 다루는지 3년 동안 카메라에 담았다. 이들은 성 소수자들을 향해 회개하라고 소리치고, 그들에게서 귀신을 쫓아내 달라고 울면서 방언 기도를 하며 나아가 그들을 향해 저주의 말을 쏟으면서 미친 듯이 북을 두드렸다. 특히 노골적으로 '항문 성교'라는 단어를 내세우면서 동성애자들을 인간 이하로 취급했다.

영화 속에서 나는 이상하고도 충격적인 사실을 발견했다. 광장에서 퍼레이드를 하는 성 소수자들을 향해 "세월호 추모 기간인데 축제할 때냐"고 비난하던 사람들이, 막상 세월호 유가족들이 진상 규명을 호소하자 "지겹다, 그만하라!"고 소리를 높인 것이다. 성 소수자의 존재를 지우려는 사람들과 세월호 유가족의 입을 막는 사람들이 겹쳤다. 성 소수자와 세월호 유가족, 교집합이 전혀 없을 것 같은 두 집단을 향해 그들은 똑같이 '종북 좌파'라고 고함쳤다. 성 소수자들과 세월호 유가족들은 일순간에 나라를 망치는 '불온한 존재'가 되어 버렸다.

〈불온한 당신〉은 한국 사회를 설명하는 키워드 중 하나인 '혐오'에 대해 성 소수자를 소재로 문제를 제기하는 작품이다. 혐오는 성 소수자만의 문제가 아니다. 내 자식이 왜 죽어야 했는지 그 이유를 알고 싶어서 거리로 나온 유가족도 혐오의 대상이 된다. 혐오는 이제 소수자만의 문제도 아닌 것이다. 자기 존재를 드러내고 다른 생각을 표현하려는 평범한 사람들도 혐오의 대상이 될 수 있다는 사실을 영화는 지적한다. 다음번에는 누가 타깃이 될까. 혐오의 시선과 언어를 온몸으로 받으며 버티고 있는 사람들의 모습을 화면으로 지켜보는 것만으로도 이렇게 고통스러운데 당사자는 오죽하겠는가. 영화를 보는 내내 이게 사실이 아니면 좋겠다고 되뇌었다.

저널리스트인 카롤린 엠케(Carolin Emcke)는 "기괴함과 비가시성은 타자의 두 아종"이라고 말한다.[28] "기괴함은 지나치게 가

시적이어서 주의를 기울이는 시선조차 돌리게 만들며, 비가시성은 주의를 기울일 가능성조차 차단해 아예 처음부터 존재하지 않는 것과 다름없게 한다." 절대 그렇지 않을 것이라고 생각했었는데, 영화를 보고 난 후 알았다. 나 역시 내 주변에 동성애자가 존재하지 않기를 바라는, 백번 양보해서 존재하더라도 내 눈에 띄지 않기를 바라는 일종의 '혐오'를 하고 있었다는 사실을. 그들이 존재를 드러내는 방식이 내 마음에 들지 않았고 그들을 적극적으로 증오하지는 않았지만 싫어했다. 그들이 낯설었고 어색했고 실제로 자주 보지 않았기에 나와는 일정한 거리를 두려고 했다. 명백히 존재하는데도 보이지 않는 존재가 되기를 강요하는 것, 이것이야말로 차별이고 억압이라는 것을 알았다. 혐오는 낯설게 여기는 데서 출발한다. 그 점에서 혐오는 내게도 예상보다 멀리 있지 않았다.

 나는 비교적 다수의 사람이 선택한 삶의 방식을 따르며 살아왔다. 명확한 여자로 태어나 여자로 살아왔고, 평생 이성만 사랑했다. 결혼을 하고 아이를 키우며 살았다. 내가 이성애자로서 당연하게 누리는 권리를 누군가는 동성애자라는 이유로 얻지 못한다면, 그들을 그저 불쌍한 시선으로 바라보는 것만으로는 부족하다. 나와는 다른 정체성을 가진 사람, 내가 살아 보지 않은 삶을 사는 누군가의 입장에 서서 현실을 이해해 보고 개선하려고 노력하는 게 인간다움 아닐까.

부모는 자기 아이에게 인간다움의 본질인 공감 능력의 중요성을 가르친다. 하지만 어려움에 부닥친 사람을 돕는 일이나 다른 사람의 처지에서 세상을 바라보는 것은 내 알 바 아니라고 생각하는 사람들이 점점 늘고 있다. 실제로 어떤 연구에서는 2000년 전후로 젊은이들의 공감 능력이 떨어지기 시작했다고 발표했다.[29] 나 먹고 살기도 힘든데 내가 왜 타인의 입장을 고려해야 하느냐고 불만을 제기하고, 약자들이 처한 곤경은 안타깝지만 그게 내 문제는 아니라고 말한다.

뿌리 깊이 죄인인 우리가 공감 능력을 발휘하려고 노력하는 일이 쉽지만은 않을 것이다. 내가 이해하기 어려운 사람, 심지어 좋아하지 않는 사람에게 공감하기란 무척 어려운 일이다. **타인의 인생에 공감하는 것에도 연습이 필요하다.** 배우고 익혀야 한다. 애쓰지 않으면 우리는 단순하게 편을 가르고 내 편이 아닌 다른 편 사람들에게 무자비해지기 쉽다. 성경이 동성애를 죄라고 말하더라도, 그리스도인이라면 죄인들을 내치지 않고 더불어 먹고 마신 주님의 모범을 따라야 하는 것 아닌가. 교황 요한 바오로 2세는 이렇게 말했다. "동성애 경향에서 자유로울 수 없는 사람들에게 이해심을 보여야 한다는 것이 윤리적 기준을 바꿔야 한다는 의미는 아닙니다."[30] 교회로서 우리가 어떻게 살아야 하는지에 대해서 중립 지대에 머무를 수는 없다. 나는 성 소수자를 혐오하고 차별하는 대신 어떻게 하면 그들을 교회의 일원으로 받아들이고 공존할지 고민하는 편을 택할 것이다. 그리스도의 몸의 일부인 그들을 포기하지 않고 동행할 수 있는 길에 서고 싶다.

동성애(자)를 반대하는 사람들은 동성애 때문에 가정에 위기가 찾아오고 결혼이 깨질 것이라고 위협한다. 정말이지 번지수를 잘못 짚은 염려다. 가정의 해체가 걱정된다면 애먼 동성애자들을 끌어와 비판하는 대신 성도들이 "결혼을 귀히 여기고 침소를 더럽히지 않게 하라"(히 13:4)는 말씀에 순종하도록 도전하고 격려하는 일이 우선이다.

내 아이가 성 소수자라면?

어떤 부모들은 어느 날 갑자기 내 자녀가 성 소수자라고 '커밍아웃'을 하지 않을까 두려워한다. 일반적인 성별 특징을 따르지 않으면, 예를 들어 남자아이가 머리를 기르고 화장을 하고 싶어 한다거나 여자아이가 무채색의 바지만 입고 짧은 머리만 고집할 때, 아이의 성 정체성을 의심하는 부모도 있다. 동성애자나 트랜스젠더들이 대중 매체에 자꾸 등장하면, 더군다나 광장으로 몰려나오면, 자기 아이가 그들을 따라 하거나 닮지는 않을지 진심으로 걱정한다.

내가 시스젠더요 이성애자로 사는 것은 부모님이나 대중 매체를 보고 따라 한 것일까? 그냥 태어나서 살다 보니 저절로 그렇게 되었다. 동성애자를 보고 동성애를 따라 할 수 있다고 생각하는 사람들은 동성애가 '선택한 생활 방식'이라고 이해한 것이다. 앞에서도 설명했듯이, 지금까지 과학이 알아낸 바로는 동성애는 선천적으로 타고나는 것이고 환경적 요인 등이 복합적으로 영향을 준다. 미국장로교회 총회장을 역임한 신학자 잭 로저스(Jack Rogers)는 말한다. "과학자들은 전 세계의 인간 이외의 동물들 가운데 일부가 사실상 동성애적이라고 알려 주고 있다. LGBT(레즈비언, 게이, 양성애자, 트렌스젠더)인 사람들 대다수가 자신들의 성적 지향을 선택이라고 생각하지 않는다. 인간의 동성애는 유전학적이라고 확신하는 과학자들의 수가 증가하고 있다."[31] 우리나라에서 성 소수자로 이해받으며 살기란 무척 어렵다. 그 길은 외롭고 고통스럽다. 교회를 다니는 그리스도인이라면 더욱 그렇다. 동성애자는 이성애자가 당연하게 누리는 권리로부터 배제되는 경우가 많다. 합리적 판단을 할 수 있는 사람이라면 구태여 고통스러운 삶의 방식을 따라 하지는 않는다.

어느 날 아이가 자신이 성 소수자라고 고백한다면, 그 아이는 혼자서 오랫동안 마음고생을 했을 확률이 높다. 자신의 성정체성을 받아들이지 못해 흐느끼며 불면의 밤을 보냈을 수 있다. 자기를 사랑하는 사람들이 실망하게 될까 봐, 나아가 자신을 배척할까 봐, 자신의 성적 지향을 부인했을지도 모른다. 고민한다는 사실 자체를 들킬까 봐 한동안 스스로를 가족과 친구에게서 고립시켰을 것이다. 그 아이는 커밍아웃하기 전에 이미 충분히 고통스러웠을 것이다.

그런 아이에게 "이제부터 너는 내 자식이 아니다!"라고 내치는 것이 부모의 역할일까? 아이가 동성애자라고 고백한다면 부모인 우리는 그 아이 앞에 서서 방패막이가 되어 주어야 하지 않을까? 나와는 다른 사람들을 배제하고 차별하는 것이 아니라 이해하고 포용하려고 씨름하는 게 하나님을 믿는 신앙이다.

신학자 월터 윙크(Walter Wink)가 엮은 『동성애와 기독교 신앙』은 맏아들이 동성애자라는 사실을 알게 된 폴 에거트슨(Paul Egertson) 루터교회 감독이 얼마나 혼란스러워하며 깊이 고뇌했는지 잘 보여 준다. 그는 아들이 그럴 리가 없다고 부정도 해 보았고, 원인을 찾아보려고 애쓰면서 정신과와 심리치료사를 찾아다니기도 했다. 또한 하나님이 초월적으로 개입하셔서 아들을 고쳐 주시기를 간절히 기도했다. 하지만 어느 것도 아들의 성적 지향을 바꾸지는 못했다. 슬픔과 혼란을 딛고 일어선

폴은 마침내 이렇게 말한다.

> 이런 문제들에 대해 의심의 여지도 없는 대답을 해 줄 전문가들이 없으니, 우리로서 할 수 있는 것이라곤 성령이 우리를 인도해 주실 것을 기도하면서, 동성애자들이 증언으로 제공하는 최선의 정보들과, 계속되고 있는 과학자들의 연구 결과, 그리고 진지한 성경 연구의 통찰을 소화하는 것이다.…나와 나의 가정은 축하하는 편에 돈을 걸겠다. 우리는 어쩔 도리가 없는 사람들을 괴롭히는 사람들과 한 편이 되기보다는 계속 상처를 입고 있는 사람들을 돕는 쪽에 서고자 한다. 그것이 설령 잘못된 선택이라 할지라도 말이다.[32]

그리스도의 장성한 분량이 충만한 데까지

성별, 성별 정체성, 성적 지향이 칼로 무 자르듯 엄격하게 둘로 나뉘지 않는다는 사실은 내가 사람을 바라보는 방식에 새로운 문을 열어 주었다. 또 내가 얼마나 사람들을 집단으로서 인식하려고 했는지도 알려 주었다. 집단으로 인식하는 것이 편리하고 효율적일 수 있다. 하지만 그러는 와중에 개인의 중요성이나 개인이 처한 맥락을 무시할 가능성도 있다. 여자라고 다 똑

나와는 다른 사람들을 배제하고 차별하는 것이 아니라
이해하고 포용하려고 씨름하는 게 하나님을 믿는 신앙이다.

같지 않듯이 같은 트랜스젠더라고 해도, 동성애자라고 해도 그들은 모두 조금씩 혹은 많이 다르다.[33]

그리스도인들은 누구나 하나님의 은혜를 통해 더욱 거룩하고 고결해지면서 성숙을 향해 나아가기를 소망하며 살아간다. 하나님은 이성애자들에게 성령의 열매를 맺으며 살라고 하신 것처럼 동성애자들에게도 같은 도전을 하실 것이다. "먼저 그의 나라와 그의 의를 구하라"(마 6:33)는 예수님의 가르침은 이성애자나 동성애자 모두에게 유효하다. 지금 우리는 부분적으로만 알 뿐이다. 온전해지기 위해 평생에 걸쳐 노력하는 여정을 살아간다는 점에서 트랜스젠더나 동성애자나 이성애자나 마찬가지다. 인간의 근본 목적은, 하나님을 영화롭게 하고 그분을 영원토록 즐거워하는 것이다.

세상에는 다양한 몸과 정신과 성향의 사람들이 어울려 살고 있다. 지구에 70억 명의 사람이 산다면 70억 개의 개성이 존재한다. 이렇게 사람을 다양하게 지으신 하나님을 찬양한다. 우리에겐 각자 자신만의 꿈과 소망이 있고, 아픔과 상처가 있다. 고통 많은 세상에서 유한한 존재로 살아간다. 그런 면에서 우리 모두는 평등하다.『동성애와 기독교 신앙』저자들은 이렇게 기도한다.

> 자연 속에도 우리가 미처 알지 못했던 차이점들이 있듯이, 사람들도 모두 같지는 않다. 만일 우리 모두를 방 안에서 줄 세워 보면 우리의 취미, 욕망, 우리의 접근 방식, 우리 자신이 하려는 것들, 무엇이 우리를 위한 적합한 관계들이 될 것인가는 여러분이 상상할 수 있는 만큼 서로 다르다. 우리 모두를 줄 세워 보라. 동성애자가 아닌 자들도 똑같지 않다. 또한 모든 남자 동성애자, 여자 동성애자, 양성애자, 성전환자도 똑같은 관점을 갖고 있지 않다. 우리는 서로 너무나 달라서 성령님께 요청한다.
>
> "성령이시여 우리로 하여금 이 원 둘레를 걷게 하시고 우리에게 말씀해 주세요. 성령이시여 이들 가운데 누가 하느님 보시기에 혐오스러워서(가증스러워서) 우리가 그들을 원 밖으로 내쫓기를 원하십니까? 성령이시여 누구를 배척해야 하고 누구를 포함해야 할지를 우리가 알도록 도와주십시오."[34]

핵심 메시지

1. 성별은 가장 기초적으로 자기 자신을 이해하는 기준이 된다. 그뿐 아니라 다른 사람과 관계를 맺는 데도 중요한 역할을 한다.

2. 여자와 남자의 성기와 호르몬은 다르지만 비슷하다. 이런 생물학적 유사점과 차이점을 이해하면 오해하지 않고 나와 다른 성별과 건강한 관계를 맺는 데 도움이 된다.

3. 성별은 여자와 남자로 나뉘지만, 명확한 성별을 알 수 없는, 남자와 여자 어디에도 속하지 않는 사람들이 존재한다. 대부분은 이성과 사랑을 나누지만, 소수의 사람은 동성에게 연정을 느낀다. 이들은 우리의 이웃이다.

함께 생각해 볼 질문

1. 이번 장에서 새롭게 알게 된 것이나 배운 것이 있다면 이야기해 보자.

2. 당신이 생각하기에 보이지 않는 존재가 되기를 강요받고 고통을 겪고 있는 소수자 그룹은 누구인가?

3. 윤리적 기준을 바꾸지 않고도 사람들을 포용한다는 것은 무슨 의미일까?

3장. 몸의 사랑과 관계의 소통

섹스란 무엇인가? - 성관계

> 자유는 책임을 의미한다.
> 그러므로 대개의 인간은 자유를 두려워한다.
> **버나드 쇼(Bernard Shaw) 극작가, 노벨문학상 수상자**

섹스의 또 다른 뜻은 '성관계'다. 청소년과 청년들은 섹스에 대해 무척 궁금해한다. 해 보고 싶어 하고 실제 해 보기도 한다. 이들과 섹스에 관한 워크숍을 여러 차례 진행해 보니, 성관계를 해 보지 않았더라도 지식과 정보는 많이 갖고 있었다. 그렇다면 젊은이들은 어떤 관점과 가치관을 바탕으로 섹스에 관한 수많은 지식과 정보를 해석해야 할까? 이 문제는 이 시기의 발달 과업 중 단연코 1순위일 것이다.

몸으로 사랑을 표현하는 방식은 무궁무진하다. 그중 성관계는 가장 은밀하고도 친밀한 사랑법이다. 성관계를 할 때 우리는 벌거벗어 취약해진 자신을 상대방에게 기꺼이 내어 맡긴다. 웬만한 신뢰가 아니고서는 이런 행동이 나오기 어렵다. 성관계를 할 때 상대방을 기쁘게 해 주려는 자발성이 솟아난다. 따뜻한 피부가 맞닿는 좋은 느낌, 안기고 안아 줄 때의 충만한 행복, 자신의 몸을 통하여 의미 있는 관계를 맺는 만족감, 우리는 성관계를 통해 육체적 쾌락을 맛보고 정서적 행복감을 얻는다. 또한 남녀의 성관계에는 생명의 잉태라는 신비가 내재한다. '입력'(input) 대비 어마어마한 '출력'(output)이 나올 수 있는 행동이다. 성관계는 두 사람의 인생을 바꾸어 놓을 만한 영향력을 지니고 있다. 그래서 아주 잘 알아야 하고 잘 가르쳐야 한다.

나를 비롯한 어른들은 무분별한 성관계가 개인의 몸과 마음, 현재와 미래를 어떻게 파괴하는지, 다른 사람들과의 관계에 어떤 아픔과 슬픔을 초래할 수 있는지 경고할 수 있다. 각종 데이터와 자료 사진까지 보여 주며 위험을 환기시킬 수도 있다. 하지만 성관계가 이렇게 무시무시한 행위인 것만은 아니다. 1장에서도 말했듯이 아이와 섹스 토크를 하기 원한다면 부모인 나부터 성에 대해 어떤 느낌, 감정, 인식을 갖고 있는지 살피는 작업을 선행해야 한다.

다양한 연구를 통해 입증된 내용을 보면, 안전한 장소에서 안정적 관계를 맺는 사람과의 즐거운 성관계는 옥시토신이라는 애착 호르몬의 분비를 상승시킨다. 옥시토신은 스트레스 호르몬에 강한 저항력을 지니고 있고, 진통 효과와 면역력 증강 효과 및 신체의 상처 치유력 향상 효과도 있다. 혈압 상승을 막

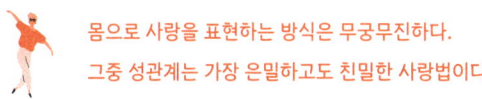
몸으로 사랑을 표현하는 방식은 무궁무진하다.
그중 성관계는 가장 은밀하고도 친밀한 사랑법이다.

고, 심장 질환의 방어 요소가 되기도 하며 불안과 우울감을 경감시킨다고 알려져 있다. 그야말로 만병통치약 수준에 가깝다.[1] 정재승 교수는 옥시토신이 앞으로 우리 사회에서 가장 주목받는 호르몬이 되지 않을까 낙관한다.[2] 성관계를 안정적으로 꾸준히 갖는 게 심신의 건강에도 이득이라니, 내 아이들도 언젠가 이렇게 좋은 섹스를 잘 누리며 살았으면 좋겠다.

학교에서는 의무 사항으로 학년당 15시간씩 성교육을 해야 한다. 하지만 문제가 많다는 비판의 목소리가 높다. 아직 어리니 성에 대해 모르는 게 좋고 가능한 한 성적 행동은 하지 말라는 태도를 보이는 경우가 많기 때문이다. 학교 성교육은 내용도 내용이거니와 방송 수업으로 진행하거나 전교생을 강당에 모아 놓고 진행하는 경우도 많은데 이런 방식은 그 취지나 효과를 생각할 때 지양하는 게 좋다. 한편, 청소년들이 성적 주체로서 성을 탐구하고 실습하는 것을 허용해야 한다고 주장하는 사람들도 있다. 이들은 안전한 섹스를 하도록 가르치는 것이 더 현실적이라고 말한다.

나 역시 성교육 강사로서 젊은이들이 성적으로 건강하고 책임감 있는 존재가 되도록 어떻게 도울 수 있을지 많이 고민한다. 나는 '피임'과 '책임'이라는 두 마리 토끼를 모두 놓치고 싶지 않다. '피임'을 가르친다는 이유로 아이들에게 성관계를 하라고 가르치는 것이냐며 오해를 받고, '책임'을 가르친다는 이유로 보수적이라는 평가를 받기도 한다. 쉽지 않은 환경이지만 나는 현실적 지식과 정보를 가르쳐 주고 청소년과 청년들이 올바른 선택을 할 수 있도록 격려하는 것이 나의 역할이라고 생각한다.

부모들을 대상으로 성교육을 진행해 보면, 본인은 '자유'롭게 살았어도 내 아이들은 성을 되도록 늦게 알았으면 하고, 성적인 면에서는 '보수적'으로 살기를 바라는 분위기다. 동거로 시작해서 결혼을 했다는 한 어머니는 자기 아이는 그렇게 하지 않았으면 좋겠는데 어떻게 해야 하느냐고 고민을 털어놓기도 했다. 부모로서 가지는 고민은 이외에도 무척 다양하다. 그러니 이 책에서 다루는 질문들을 따라가면서 부모로서 나는 어떤 견해를 가졌는지 돌아보는 것은 유익할 것이다. 나는 정답만을 주려고 이 책을 쓰고 있지 않다. 지금의 내 생각이 미래에도 같으리란 보장도 없다. **우리는 현재의 주어진 조건하에서 최선의 선택을 할 수 있을 뿐이다.**

'언제'가 가장 좋을까?

교회에서 청소년이나 청년들 대상으로 강의를 할 때 가장 자주 등장하는 질문 중 하나가 "혼전 성관계는 죄인가요?"다. 가는 곳마다 묻고 또 묻는다. 내가 20대 때 들은 강의에서도 나왔던 질문이니 역사가 참 길다. 세대를 거듭해도 계속 이 질문이 나오는 이유는 해결되지 않는 고민이기 때문일 것이다.

무엇보다 나는 교회 안의 젊은이들이 '성'과 '죄'를 동시에 떠올리는 현실이 안타깝다. 성적 존재로서의 자기를 발견하고 긍정하는 것보다 '죄'를 지으면 '벌'을 받는 구조로 먼저 성을 인식하는 게 마땅찮다. 물론 이 질문에는 죄를 짓고 싶지 않다는 바람도 들어 있을 것이다. 정말 결혼을 기준으로 성관계의 죄 여부가 결정될까? 결혼만 하면 성관계에 관한 모든 의문이 풀리고 해답이 거저 주어질까?

그리스도인들이 이용하는 것으로 추정되는 온라인 익명 게시판에서는 혼전 성관계를 놓고 논쟁이 붙는다. "지금처럼 결혼하기도 힘들고 '비혼'도 많아지는 시대에 결혼 전에 성관계했다는 자체만으로 죄라고 할 수는 없다"는 사람들과, "하나님은 결혼한 후에 성관계하라고 하셨다"는 사람들이 자기주장을 펼친다. 자기 견해만 이야기하지 않고 상대방을 공격하고 힐난하기

정말 결혼을 기준으로 성관계의 죄 여부가 결정될까?
결혼만 하면 성관계에 관한 모든 의문이 풀리고 해답이 거저 주어질까?

도 한다. 이쪽은 저쪽을 세속에 물든 사람이라고 하고 저쪽은 이쪽을 '꼴통 보수'라고 헐뜯는다. '혼전 성관계 금지' 원칙을 강조하지 않는 성교육 강사는 교회에서 배척당하기도 한다.

성경을 보면 하나님도 성관계에 관심이 많으신 것 같다. 성관계에 대한 성경적 원리는 무엇일까? 하나님은 신구약에 걸쳐 간음(adultery)하지 말라(출 20:14, 마 5:27)고 반복해서 말씀하신다. 결혼한 사람은 배우자 이외의 다른 사람과 성관계를 맺지 말라는 것이다. 음란(sexual immorality)을 버리고 하나님을 모르는 사람들처럼 욕정에 빠지지 말라고도 하신다(살전 4:3, 5). 음란과 악한 정욕은 죽여야 하는 땅에 속한 일이다(골 3:5). 성경은 성적 죄에서 떠나라고 과감하게, 적극적으로 강조한다.

우리를 향한 하나님의 뜻은 음란과 간음이 아니라 거룩함(a holy life, 살전 4:7)이다. 우리 몸을 하나님이 기뻐하시는 거룩한 산 제물(롬 12:1)로 드리는 것이 예배다. 우정 관계뿐 아니라 애정 관계에서도 상대방을 나보다 낫게 여기고(빌 2:3), 목숨을 버릴 만큼의 희생적 사랑을 하라고 말씀하신다(요 15:13). 책임 질 일을 했으면 책임을 지고(출 22:16), 상대방을 하나님의 형상

(창 1:27)으로 존귀하게 여겨야 한다. 모든 사람은 결혼을 귀히 여기고 침소를 더럽히지 않아야(히 13:4) 한다. 하나님은 결혼 관계의 신성함을 중요하게 여기신다. 또한 "이 일에 분수를 넘어서 형제를 해하지 말라"(살전 4:6)는 말씀처럼, 성관계는 상대방에게 해를 끼치거나 상대방을 속여서 남의 것을 가로채는 행위가 되어서는 안 된다.

영화나 드라마에서는 클럽에서 만난 남녀가 서로 '필 받아' 호텔로 향하고 격정적으로 성관계를 하고 '쿨 하게' 헤어진다. 현실에서도 그런 사람들이 있겠지만, 우리는 이런 성관계를 바라지 않는다. 우리는 '캐주얼 섹스'라는 이름으로 '원 나이트 스탠드'를 아무렇지도 않게 여기는 풍조를 배척해야 한다. 성관계는 다른 사람에게 온전히 몸을 내어 주는 행위다. 누구에게도 보여 주기를 꺼리는 몸의 구석구석을 서로 보고 어루만지고 느끼는 것이 성관계다. 성관계를 할 때는 옷을 벗을 뿐 아니라 정서적으로도 벌거벗은 상태가 된다. 신뢰하는 사람과 편안하고도 안심할 수 있는 장소에서, 느긋하게 시간적 여유를 갖고 성관계를 할 때 가장 만족스럽다. 이때 느끼는 만족감을 성 전문가 배정원은 '살이 주는 위안'이라고 아름답게 표현한다.[3]

창세기에서 아담은 그의 아내 하와와 합하여 한 몸을 이루었고, 벌거벗었지만 부끄럽지 않은(창 2:24-25) 상태를 경험했다.

"내 뼈 중의 뼈요 살 중의 살"(창 2:23)이라는 고백을 할 만큼 두 사람은 친밀해졌다. '벌거벗었으나 부끄럽지 않은 친밀한 관계', 이것이 우리가 성관계를 통해 얻고자 하는 지향점이어야 한다. 또한 남녀의 성관계를 통해서 생명이 잉태되므로 성관계에는 그 생명을 여호와의 기업이자 상급으로 기꺼이 맞이하고 책임지겠다는 의지까지 포함된다. 친밀감과 생명이라는 성관계의 두 측면은 배타적으로 헌신된 관계 안에서라야 제대로 구현할 수 있다. 나는 '배타적으로 헌신된 관계'가 결혼이라고 생각한다.

'에이, 결혼 전에는 하지 말라는 소리네!'라고 생각하며 달가워하지 않는 청년들이 있을지도 모르겠다. 만족스러운 대답은 아닐 수 있지만 성관계는 '양날의 검'이라는 사실을 명심해야 한다. 필요한 때에 적절하게 잘 다루면 서로의 인격을 벼리는 도구이지만, 준비 없이 다루었다가 몸과 마음이 다치기도 한다.

*영훈과 *정희는 서로 사랑하는 사이다. 사귄 지 1년쯤 되었지만 결혼을 하기에는 현실적인 걸림돌들이 있다. 사랑하는 마음은 육체적으로도 하나가 되고픈 갈망으로 이어졌다. 두 사람은 마침내 합의하에 성관계를 가졌다. 둘 다 성관계는 처음이라 서툴렀다. 정희는 '성관계가 겨우 이런 건가? 아프기만 한데?'라는 생각이 들었지만 영훈에게 내색하지는 않았다. 한

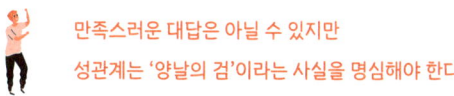
만족스러운 대답은 아닐 수 있지만
성관계는 '양날의 검'이라는 사실을 명심해야 한다.

번 성관계를 갖자 점차 횟수가 잦아졌다. 급기야 정희는 영훈이 성관계 '만'을 위해 자기를 만나는 것은 아닌지 의심이 들었다. 성관계의 빈도에 대한 의견 차이로 다투기도 했다.

콘돔을 사용하긴 했지만 월경이 하루라도 늦어지면 정희는 너무나 불안했다. 이런 일을 겪으며 정희는 영훈과 함께할 미래에 대해 재고해 봐야겠다고 생각했다. "성관계를 가진 후 영훈에 대한 자기의 마음이 이렇게 달라질지 몰랐다. 어디서부터 잘못된 것인지 모르겠다"고 말하며 정희는 울먹였다. 사랑해서 성관계를 했는데 더는 사랑할 수 없게 된 아이러니라니!

동양의 명상에서는 성관계를 하면 상대방의 성 에너지가 나의 몸에, 나의 성 에너지가 그 사람의 몸에 7년을 머문다고 한다. 성관계를 가진 두 사람은 같이 있든 헤어졌든 서로의 영향권 아래 머문다는 뜻이다.[4] 성관계는 그만큼 우리의 몸과 마음에 흔적을 남긴다. 성관계는 그저 몸을 가지고 노는 게임이 아니다. 특히, 섹스 파트너를 여러 명 두는 일은 신체 건강 측면에서라도 절대 권할 만한 일이 못 된다.

하나님은 우리가 이 세대를 본받지 말고 하나님의 뜻을 추구하기를 바라신다. 하나님은 우리가 전인격적으로 행복하기를 바라신다. 청소년이든 청년이든 성관계를 함으로써 본인들이 얻는 이득이 있다면 무엇이고, 그것이 두 사람의 관계에 어떤 긍정적/부정적 변화를 가져올지 판단해 보면 좋겠다. 결혼 전에 성관계를 갖는 것이 하나님이 선물로 주신 성을 제대로 누리는 길이 될 수 있을지 꼼꼼히 계산해 보는 것이다.

청소년인 자녀가 성관계를 했다는 사실을 알게 된 부모는 어떻게 하면 좋을까? 부모로서 당황스럽고 놀랍고 배신감도 들고, 오만 감정이 올라올 수 있다. 하지만 그것으로 자녀나 부모의 삶이 끝나지는 않는다. 오히려 사랑, 성, 임신 등에 관해 아이와 이야기를 나누는 전화위복의 계기로 삼으면 좋겠다. 성관계에 대한 바른 관점은 무엇일지, 스킨십의 원칙과 기준은 어떠해야 하는지 대화를 나눌 수 있다. 부모뿐 아니라 교사, 목회자, 교회 학교 교사 등이 젊은이들과 함께 섹스에 관해 이야기하는 어른이 되어 주기를 기대한다.

결혼이란 무엇일까?

내가 결혼한 1990년대의 결혼 문화는 이러했다. 대체적으로 두 사람이 결혼하기로 합의하고, 상견례를 하고, 결혼식을 하고

(결혼식 전에 약혼식을 하기도 했다), 그후 혼인 신고를 했다. 요즘도 비교적 이 절차를 따르기는 하지만 청년들의 상황이 예전과는 무척 달라졌다. 결혼 연령이 높아졌고 비혼을 생각하는 청년도 늘고 있다. 이런 상황 변화와 함께 결혼에 대한 관점도 달라지고 있는 듯하다.

*슬기와 *성진, 두 사람은 각각 혼자 살고 있다. 결혼식까지 몇 달 남은 상황에서 이들은 신혼집을 얻었고 성진이 먼저 들어가 살기로 했다. 그러던 중에 슬기도 이사를 해야 하는 상황이 발생했다. 두 사람은 양가 어른들과 몇몇 지인에게 알리고 같이 살기 시작했다. 계획대로 몇 개월 후 결혼식을 치렀다. 결혼식을 하기 전 같이 살기 시작한 두 사람은 혼전에 성관계를 가진 것인가?

*주희와 *성철은 1년 후에 결혼식을 하려고 한다. 그런데 오늘 혼인 신고를 하러 구청에 간다. 미리 혼인 신고를 하는 이유는, 신혼부부에게 낮은 이자율로 주택 자금을 대출해 주는 금융 상품이 있기 때문이다. 대출을 받으려면 두 사람이 부부임을 증명해야 하고 그래서 혼인 신고를 먼저 하게 된 것이다(요즘은 청첩장으로 혼인 신고서를 대신할 수도 있다). 혼인 신고를 마친 이 커플은 결혼한 것인가, 아니면 결혼하지 않은 것인가?

결혼식을 하고 같이 살기 시작한 또 다른 커플이 있다. 이들은 결혼한 지 1년이 다 되도록 혼인 신고를 하지 않았다. 왜 여태 안 했느냐고 물어보니, 혹시 마음이 변할까 봐 안 했다고 한다. 어떤 커플은 주택 청약 같은 실제적 이익을 위해 혼인 신고를 하지 않기도 한다. 이들은 과연 결혼한 것일까, 아닐까?

이런 예외적 사례를 들어 "그러니까 너희 맘대로 하세요"라고 말하려는 것은 아니다. 과연 결혼을 결혼답게 하는 핵심 요소는 무엇인지 함께 생각해 보고 싶다. 결혼하려는 두 사람의 합의인가? 결혼식인가? 아니면 혼인 신고라는 법적 절차인가?

아무리 상황과 환경이 달라졌다고 해도 결혼식은 그 자체로 여전히 의미가 있다. 결혼식에서 두 사람은 하나님 앞에서 평생 이 사람과 함께하겠다고 공개적으로 언약을 맺는다. 하객들에게는 앞으로 자기들이 이 약속을 잘 지키며 사는지 지도 편달해 달라고 부탁한다. 결혼 생활이 절대 장밋빛 로맨스만이 아님을 이미 결혼한 사람들은 잘 안다. 그러니 새로 결혼한 부부가 흔들릴 때 버팀목이 되어 주겠다고 공동체는 화답하며 격려한다. 이것이 결혼식의 의미다. 그러니 허례허식이 없는 결혼식, 서로 다른 양가의 문화를 잘 조율하는 결혼식, 성평등한 결혼식을 만들기 위해 창조적 상상력을 발휘할 필요가 있다.

20-30대 사이에서는 동거가 결혼을 대체할 이상적 제도로 거론되기도 한다. 여전히 가부장적 모습을 지니고 있는 결혼

제도가 그들이 보기에 전혀 매력적이지 않고, 가족 대 가족으로 엮이는 복잡한 결혼이 부담스럽기 때문이다. 또한, 동거가 이혼을 막는 해결책이 될 수 있다고 기대한다. 결혼했다가 이혼을 하느니 살아 보다가 헤어지는 게 차라리 낫다고 말한다.

만약 내가 결혼보다 느슨한 관계 즉, 낮은 헌신을 요구하고 높은 자율성을 보장하는 제도 안에서 애인과 살았다면, 나는 아마 그 관계를 이어 가지 못했을 것이다. 애인과 갈등 상황이 생기면 직면해서 풀어 나가는 데 애를 쓰기보다는 관계를 깨뜨리고 그 상황에서 분명 도망쳐 버렸을 것이다. 나는 하나님과 공동체 앞에서 '기쁠 때나 슬플 때나' 배우자와 함께하기로 서약했으므로 결혼 관계를 벗어나는 행위는 선택 사항이 아니라고 믿었다. 결혼은 나의 이익을 극대화하려는 '계약'이 아니라 무조건적 사랑과 헌신을 약속하는 **언약**이므로 힘든 세월도 견디면서 타협하고 협상하고 관계를 개선해 나갔다. 제도가 사람을 억압하기도 하지만 나의 경우, 결혼이라는 제도 안에서 성장하고 성숙했다.

결혼, 할까 말까?

국민의 절반 이상은 결혼이 선택이라고 생각한다.[5] 결혼을 해야 한다는 사람들의 비율은 점점 줄고 있고, 결혼하지 않아도 함께 살 수 있다는 사람들은 늘고 있다. 결혼은 점점 필수가 아닌 선택의 문제가 되고 있다. 뉴스를 보면 결혼을 하지 말아야 할 것 같은 이유들이 차고 넘친다. 이런 세상에 아이를 태어나게 하는 건 아이에게 못할 짓이라고 말하는 사람도 있다. 어느 정도 나이가 들면 결혼을 하고, 결혼을 했으니 아이를 (하나 이상) 낳아야 하고, 딸이 있으면 아들도 낳아야 한다는 이야기는 이제 옛말이 되어 가는 중이다. 이런 말을 입 밖으로 내뱉는 사람은 금세 꼰대 취급을 받는다.

교회 안에 있는 청년들도 다르지 않다. 결혼을 반드시 할 것이라는 사람과, 하지 않을 수도 있다는 사람의 비율이 비슷하게 나온 연구 결과가 있다.[6] 6년 전 조사이니 지금은 안 하겠다는 비율이 더 높아졌을지도 모른다. 청년들 이야기를 들어 보면 행복한 부부를 본 적이 없어서, 지나간 이별의 아픔 때문에, 소개팅이 부담스러워서, 경제 여건이 되지 않아서, 어쩌다 보니 시기를 놓쳐서, 혹은 자발적 선택으로 독신을 진지하게 고려하는 것 같다.

교회 청년들에게 강의할 때면 "그리스도인은 꼭 결혼해야 하나요?"라는 질문이 나온다. 성경은 가정을 이루라고 하는 것 같다가도 결혼하지 않기로 선택한 사람에 대해서도 말한다.

결혼을 하기 싫다면 그 이유가 무엇인지,
결혼을 하고 싶다면 또 그 이유가 무엇인지
먼저 자기 마음을 들여다보는 것이 필요하다.

"남자가 부모를 떠나 그의 아내와 합하여 둘이 한 몸을 이룰지로다"(창 2:24)라는 말씀도 있고, 예수님은 "하늘 나라 때문에 스스로 고자가 된 사람도 있다"(마 19:12, 새번역)고도 말씀하신다. 사뭇 상반되어 보이는 성경 말씀들을 통해 볼 때, 결혼은 할 수도 있고 안 할 수도 있는 사항이라고 생각한다. 다만, 자신이 결혼을 해서 살 사람인지 독신으로도 살 수 있는 사람인지 자기를 발견해 가는 과정은 유익하다. 결혼을 하기 싫다면 그 이유가 무엇인지, 결혼을 하고 싶다면 또 그 이유가 무엇인지 먼저 자기 마음을 들여다보는 것이 필요하다.

그리스도인들은 종종 하나님의 뜻을 묻는다. 하나님께 무엇을 원하시느냐고 질문한다. 하나님의 뜻을 알려 주시면 당신의 뜻대로 살겠다고 헌신을 다짐한다. 하나님은 대개 우리 손에 이미 들려 있는 성경을 통해 당신의 뜻을 알리시지만 간혹 신비로운 방식으로도 하나님의 뜻을 알게 하신다. 하나님은 기적과 일상이라는 모든 방식을 사용해서 우리를 인도하신다.

우리는 연애와 결혼에 대해서도 기도한다. 이 사람을 만나는 게 하나님의 뜻인지, 이 사람이 하나님이 짝지어 주신 사람인지, 기도하면서 무작정 기다리기도 한다. 우리는 우리 인생에 대해 하나님이 촘촘하게 짜 놓으신 설계도를 가지고 계실 것이라고 예상하고 그 설계도를 보여 주시기를 간구한다. 그리고 우리가 그 설계도대로 움직이지 않으면 건물 자체가 무너지지 않을까 전전긍긍한다. 그러나 신앙의 선배들은 그렇게 말하지 않는다.

> 사실 하나님이 청사진 전체를 보이시는 일은 거의 없습니다. 그러므로 만일 여러분이 완전한 청사진을 찾고 있다면 곧 실망할 것입니다. 하나님이 주로 보이시는 것은 다음 단계에서 하나님의 뜻이 무엇인가 하는 것입니다.…하나님의 뜻은 매일 펼쳐지는 두루마리에 훨씬 가깝습니다.…그러나 또 하나님의 뜻이란 매일 우리의 삶 속에서 분별하고 살아내야 하는 것이라는 점도 사실입니다. 하나님의 뜻은 결코 단 한 번 손아귀에 넣는 보따리가 아니란 말입니다.…우리가 부름받은 근본적인 목적은…오직 주 예수 그리스도를 좇게 하기 위함입니다.[7]

나는 내가 독신으로 멋있게 늙어 갈 사람이 아니라는 사실을 일찍부터 알았다. 사랑하는 사람과 결혼해서 꼭 행복한 가정을 꾸리고 싶었다. 몇 번의 만남에서 실패를 겪고 나서야 그러면 나는 어떤 사람을 만나야 하나 고민하기 시작했다. 이 기도 제목을 가지고 자체적으로 '특새'(특별새벽기도회)를 하기도 했다.

〈효리네 민박〉이라는 텔레비전 프로그램에 가수 아이유가 출연했다. 어느 날, 효리와 아이유는 해변을 산책하면서 노을을 감상했다. 아이유가 "이런 멋진 곳에서는 사랑이 안 생길 수 없겠다"고 말하자, 효리는 바로 그 해변에서 남편 이상순을 향한 연정이 생겼노라고 대답했다. "(그런 좋은 사람이) 모두에게 있는 건 아닌 것 같다"는 아이유의 말에 효리는 이렇게 답했다. "좋은 사람을 만나려고 막 눈을 돌리면 없고, 나 자신을 좋은 사람으로 바꾸려고 노력하니 오더라." 그러면서 "좋은 사람이 나타났을 때 알아볼 수 있는 지혜"도 필요하다고 덧붙였다.

'나 스스로 좋은 사람이 되고자 노력하고, 내 앞에 좋은 사람이 나타나면 알아볼 수 있는 지혜를 갈망하라.' 효리가 어떤 연예인인지 잘 몰랐는데 이런 말을 하는 걸 보니 속이 꽉 찬 사람이라는 생각이 들었다. 내가 좋은 사람이 되려고 애쓰는 중에 내 앞에 좋은 사람이 나타난다면 어떻게 할까? 그 사람이 다른 사람을 사랑하고 있는 게 아니라면, 이때야말로 그간 갈고닦은 '용기'를 꺼내 들 적기다!

나는 청년들에게 결혼을 권한다. 남남인 두 사람이 상대방의 약점을 용납하고, 죄인인 두 사람이 각자의 과오를 용서하며

**취약함은 불안을 유발하기도 하지만
하나님과 상대방을 신뢰하고 의지하게 만든다.
그 과정에서 친밀감이 두터워진다.**

함께 사는 일은 참 어렵다. 하지만 기쁨도 있고 행복도 있다. "아담과 그의 아내 두 사람이 벌거벗었으나 부끄러워하지 아니하니라"(창 2:25)라는 말씀처럼, 벌거벗었으나 부끄럽지 않은 관계가 존재한다는 사실에 위안을 얻는다. 결혼 생활을 하다 보면 신체적으로 벌거벗은 상태는 물론이고 정서적으로 벌거벗은 상태에 수시로 처한다. 벌거벗은 상태는 매우 취약한 상태다. 취약함은 불안을 유발하기도 하지만 하나님과 상대방을 신뢰하고 의지하게 만든다. 그 과정에서 친밀감이 두터워진다.

부부의 성관계는 자식을 얻는 통로이기도 하다. "젊은 자의 자식은 장사의 수중의 화살 같으니 이것이 그의 화살통에 가득한 자는 복되도다. 그들이 성문에서 그들의 원수와 담판할 때에 수치를 당하지 아니하리로다"(시 127:4-5). 자식 키우는 일이 늘 즐거울 수만은 없으나 자식이 내 화살통에 있는 화살 같은 존재라는 말이 무엇인지 이제는 확실히 알겠다.

가수 이적의 어머니로 알려진 여성학자 박혜란은 말한다. "때때로 결혼이 참 미스터리하다는 생각이 들 때가 있다. 어떤 부부를 보면 결혼 전에는 둘 다 별 볼 일 없었던 사람들이 시간이 갈수록 점점 더 멋있어지는 반면 어떤 부부는 꽤 뛰어난 사람들이었던 것 같은데 결혼하고 나서는 점점 더 초라하게 변해 가는 경우가 있다. 사회적 성공이나 부의 축적을 말하는 것이 아니다. 인간의 품격에 관한 이야기다. 확실한 것은 결혼을 통해서 더 성장하는 부부가 있는가 하면 오히려 퇴보하는 부부도 있다는 사실이다. 그리고 그 차이는 나이가 들수록 더욱 더 확연히 드러난다. 이상적인 결혼은 어떤 것인가에 대한 대답은 사람마다 다르겠지만, 나는 부부가 서로를 키워 주는 관계라고 믿는다."[8] 그의 말처럼, 모든 부부가 죽을 때까지 **서로를 키워 주는 관계**로 지내면 좋겠다.

가족 단위로 관계와 조직 등이 형성되는 교회에서 결혼하지 않은 사람을 미완의 존재로 취급할 때가 많다. 나도 한때는 미혼(혹은 비혼)을 '무언가 부족한 상태, 아직 온전하지 않은 상태'로 여겨서 (원하는 사람들에 한해서이긴 했지만) 열심히 중매하던 때가 있었다. 리사 맥민은 이야기한다. "결혼은 엄청난 축복을 가져다줄 가능성을 가지고 있지만, 개신교인들은 결혼의 궁극적인 선을 강조함으로써 싱글들이 금욕이나 독신 생활을 가능하거나 선한 선택으로 심각하게 고려해 보지 못하게 만들고 있다."[9]

그 반면, 결혼을 원하지만 결혼하지 못하는 사람도 있다. 제짝을 만나지 못한 이들의 절절히 아픈 사연도 많이 들어 알고 있다. 우리는 미혼이거나 기혼이거나 우리가 가지고 있지 않은 것을 갈망하는 불완전한 존재다. 상실은 이 땅에 사는 모든 사람의 삶의 일부다. 리사 맥민의 말처럼 "상실은 독신에도 있고 결혼에도 있다." 여기서 내가 답할 수 없는 한 가지 질문이 남는다. 결혼하지 않은 사람들의 성적 욕구를 신앙 안에서 어떻게 다루어야 할까? 현명한 싱글 저자들이 이야기해 주길 기대한다.

웨스트민스터 소요리문답의 첫 번째 질문은 이것이다. "사람의 제일(첫째) 되는 목적이 무엇입니까?" 그 대답은 결혼하고 자식을 많이 낳아 땅에 충만하게 거하는 것이 아니다. 믿음의 선배들은 "하나님을 영화롭게 하는 것과, 영원토록 그를 즐거워하는 것"이 사람의 첫째 목적이라고 답했다. 예수님은 우리에게 말씀하신다. 결혼을 하든 독신으로 살든 그리스도인인 우리는 "먼저 그의 나라와 그의 의를 구하[는]"(마 6:33) 삶을 추구해야 한다. 그러면 모든 것을 우리에게 더하시겠다고 예수님은 약속하셨다.

대화와 책임

"혼전 성관계는 죄인가요?"와 쌍을 이루는 단골 질문이 "어디까지 허용되나요?"다. 이 질문을 놓고 토론을 해 보면, 어떤 청년들은 "기준을 정하면 과연 현실에서 실행 가능할까요?"라며 의심스러워한다. 이미 선(?)을 넘었다면 이런 기준이 무슨 소용이냐며 냉소적으로 반응하기도 한다. 결혼하지 않은 상황에서는 어디까지 스킨십(몸으로 하는 애정 표현)을 해도 괜찮은 걸까? 성관계만 하지 않으면 어떤 것도 가능할까?

애정 관계에서는 너무나 당연히 몸으로 사랑을 표현하고 싶다. 만지고 싶고, 갖다 대고 싶고, 물고 빨고 싶은 욕구 자체는 전혀 이상한 것도 아니고 문제가 될 것도 없다. 이런 욕구 자체에 죄책감을 심어 주어서는 안 된다. 오히려 아주 건강한 상태임을 인정해 주고 긍정해 주어야 한다. 간혹 결혼 전에는 어떤 스킨십도 하지 않겠다고 마음먹고 상대와 합의하는 경우도 있다. 그들의 의견을 존중하고 실제로 성공한 분이 있다면 그 인내심을 존경한다. 하지만 거의 모든 커플이 스킨십 문제에서 성공과 실패를 오가며 마음고생을 한다. 나 역시 미혼이었을 때 많이 고민했다. 나는 청년들에게 '어디까지'라는 범위를 정해 주지 않고 그럴 수도 없다고 생각한다. '어디까지'에 대한 실천은 당사자들의 몫이다. 다만 여러 직간접적 경험을 통해 얻은 두 가지 판단 기준을 제시해 준다.[10]

첫 번째는 **대화**다. 대화를 나누려면 두 사람 모두 각자 '나는 이 사람과 어떤 성적 행동을 하고 싶은가?'를 먼저 생각해 보아야 한다. 이는 스킨십에만 해당하는 질문이 아니다. 어려서부터 스스로 '나는 무엇을 원하는가?'라는 질문을 해 보아야 한다. 부모의 선택을 무조건 따라야 하는 문화, 가족이 아이의 의견이나 선호를 무시하는 분위기라면 아이는 자기가 원하는 바가 무엇인지 살피기 어렵다. 자신이 원하는 스킨십의 정도나 방식 등을 인지하고 깨닫기 위해서는 일상의 영역에서부터 자신이 무엇을 원하는지 자주 살펴야 한다.

사랑하는 사람과 어느 정도의 스킨십을 하는 게 편안한지는 개인마다, 커플마다 차이가 있다. 스킨십은 감당할 만한 수위가 높은 쪽에서, 더 많이 원하는 쪽에서 밀어붙이면 되는 사안이 아니다. 먼저 자기의 기준을 제시하고 상대방의 의견을 들어야 한다. "나는 이 정도까지가 좋겠는데 너는 어떻게 생각해?", "나는 아직 그건 싫어." 이런 대화를 더 많이 나누어야 한다.

어느 교회 청년부 강의에서 이렇게 말했더니 어디선가 낮은 한숨 소리가 새어 나왔다. 한 친구가 "그런 걸 어떻게 말로 해요?"라고 투덜거렸다. 다른 청년은 "아니 그런 건 그냥 척하면 아는 거 아닌가요?"라고 했다. 글쎄다. '이심전심'이라는 말이 있긴 하지만, 남녀 관계에서는 그것이 사귀는 관계라고 해도 이심전심일 거라고 믿고 행동했다가는 큰일 나기 십상이다.

몸으로 사랑을 표현하는 수준, 서로를 향한 사랑과 책임감과 헌신의 정도는 그 속도가 비슷해야 한다.

물론 의사소통 방식에는 비언어적 방식도 있다. 심지어 비언어적 요소가 중요한 역할을 맡기도 한다. 아마도 몸짓말(바디 랭귀지)이 대표적인 비언어적 소통 방식일 텐데, 25년 넘게 같이 살고 있는 우리 부부도 몸짓말만으로 서로의 마음을 이해하기가 쉽지 않다. 어떤 특별한 맥락에서는 비언어적 의사소통이 통하기도 하지만 그것은 오래 같이 살면서 익숙해져서일 것이다. 함께 오래 살아도 언어적 의사소통은 여전히 매우 중요하다. 언어적 요소와 비언어적 요소가 같은 방향을 향하고 있을 때라야 상대방에게 내가 원하는 바를 정확히 전달할 수 있다. 만약 상대방과 스킨십에 대한 대화를 나누기 불편하다면, 대화보다는 스킨십을 더 추구하고 있다면, 두 사람의 관계에 뻴간 불이 켜졌다는 신호이므로 관계를 점검해 보아야 한다.

두 번째는 **책임**이다. 예상하듯 임신에 대한 책임이다. 특별한 질병이 없는 한 사춘기가 지난 건강한 남녀의 성관계에는 임신 가능성이 존재한다. 두 사람이 성관계를 해서 임신을 한다면 어떻게 할 것인가? 두 사람은 이 이야기를 반드시 나누어야 한다. "설마 한 번으로 임신이 될까?", "질외 사정 하면 돼",

"배란기 아니니까 괜찮아" 같은 말로 임신의 가능성을 회피하지 말아야 한다. 현실에서 청소년들이 임신에 대한 책임을 지기란 거의 불가능하다. 여러 스킨십 중에 특히 성관계는 책임질 일이 발생하는 행위임을 청소년들에게 정확히 알려 주어야 한다.

몸으로 사랑을 표현하는 수준, 서로를 향한 사랑과 책임감과 헌신의 정도는 그 속도가 비슷해야 한다. 마음과 몸의 속도를 잘 조절하라고 가르쳐야 한다. 몸과 마음에 깊은 상처가 남지 않도록 자기 자신을 보호하고 상대방을 배려하라고 알려 주어야 한다. 그래야 헤어지더라도 서로 다시는 마주치고 싶지 않은 원수가 되지 않을 테니 말이다.

동의를 구하라

유명 연예인 두 명이 진행하는 라디오 프로그램에 청취자의 사연이 소개되었다. 사연을 보낸 여성은 연애 경험이 많고 최근에 사귀기 시작한 남자 친구는 '모태 솔로'라고 했다. (나는 '모태 솔로'라는 표현을 좋아하지 않는다. 모든 사람이 한때 모태 솔로였음에도 불구하고 이 단어에는 당사자를 무시하는 태도가 담겨 있다고 느껴지기 때문이다.) 남자 친구가 스킨십을 할 때마다 "해도 괜찮아?"라고 묻는데, 이러는 게 너무 답답해서 고민이라고 했다. 답답해하는 당사자와는 달리 나는 그 남자 친구의 모습이 귀엽고 기특하기까지 했다. 웬걸, 실시간으로 보내 오는 청취자들의 피드백을 듣고 깜짝 놀랐다. '남자가 바보 같다, 남자답지 못하다, 누가 그런 걸 물어보느냐, 헤어져라' 등 부정적 반응이 많았다. 여기에 편승해 진행자들까지 남자를 무시하는 발언을 하는 게 아닌가.

사귀는 사이에서 스킨십을 할 때마다 상대방의 의견을 물을 필요는 없을 것이다. 사연 속 남자 친구처럼 오늘 손을 잡을 때 물어보고, 내일 손을 잡을 때 또 물어볼 필요는 없다. 그러나 스킨십의 수위를 높이길 원하는 사람은 상대방의 의견을 물어볼 수 있고 또 물어봐야 한다. 만약 매번 말로 구구절절 묻고 대답을 기다리는 게 어색하거나 불편하면 이런 방법도 있다. 성교육 전문가 손경이는 이것을 '9대 1 법칙'이라고 부른다.[11] 만약 상대방에게 키스를 하고 싶다면 90퍼센트만큼만 다가갔다가 멈추고 나머지 10퍼센트만큼의 거리는 상대방의 판단에 맡겨 두라는 것이다. 상대가 그 거리만큼 다가오기로 선택한다면 동의한 것이고, 다가오지 않으면 동의하지 않은 것이다. 키스만이 아니라 다른 스킨십에도 적용할 수 있는 신선한 방법이라고 생각한다.

물론 기계적으로 9대 1을 나눠서 다가가라는 의미는 아니

 만약 두 사람 중 누군가가 "나는 그건 싫어"라고 말한다면,
이는 거절이다. 거절은 거절로 받아들여야 한다.

다. 그게 꼭 9대 1일 필요도 없다. 8대 2, 7대 3이면 어떠랴. 핵심은 자신의 의사를 표현하고 나머지는 상대방의 판단에 맡기며, 상대방이 동의하지 않을 때는 거듭 요구하지 않는다는 점이다. 또한 키스에 동의했다고 해서 또 다른 스킨십까지 동의했다고 해석하는 것은 절대 금물이다. 이런 과정이 처음부터 물 흐르듯 자연스럽게 이어지지 않을 수도 있다. 어색함과 미숙함 사이에서 터져 나오는 웃음이 두 사람을 더 친밀하게 만들 수도 있다. '남자'가 '알아서' 스킨십을 주도해야 한다고 주장한 라디오 진행자와 청취자들은 기억해야 한다. 동의를 구하지 않을 때 사랑 표현은 폭력이 된다는 사실을 말이다.

만약 두 사람 중 누군가가 "나는 그건 싫어"라고 말한다면, 이는 거절이다. 거절은 거절로 받아들여야 한다. 그 행위가 싫다는 것이지 상대의 존재가 싫다는 것은 아니므로 섭섭해하거나 분노할 필요는 없다. 물론 거절당하는 일이 유쾌하지는 않다. 하지만 스킨십에 관한 한, 속도가 느린 쪽에 맞추는 것이 낫다. 키스를 거절한다고 "그러면 너는 나를 사랑하지 않는 거니?"라고 말하는 건 질문이 아니라 협박에 가깝다. 거듭 말하지만 거절을 거절로 받아들이지 않을 때 사랑의 표현은 한순간에 폭력이 된다. 성관계와 관련해서 "좋아"라는 말은 '지금' 좋다는 뜻이다. 한 번 성관계를 가졌다고 계속 성관계를 해야 할 의무는 누구에게도 없다. 스킨십이 폭력이 되지 않으려면 어떻게 해야 하는지는 5장에서 이어 가겠다.

순결이란?

"혼전 순결을 지켜야 하나요?"라는 질문도 자주 받는다. 그럴 때 나는 다시 청중에게 질문을 던진다. "순결이란 무엇인가요?" 어떤 상태를 우리는 순결하다고 말하는가? 우리는 대부분 순결을 '성관계를 하지 않은 상태'라고 본다.

'순결'(純潔)의 사전적 정의는 '이성과의 육체관계가 아직 없음'이다. 그렇다면 육체관계란 무엇일까? 성관계가 아닌 다른 육체관계를 가졌다면 어떤가? 예를 들어, 성관계는 하지 않고 오럴 섹스를 하면 순결한 것일까? 순결을 지키기 위해 오럴 섹스만 한다는 청소년의 글을 읽은 적이 있다. 성관계도, 오럴 섹스도 하지 않았지만 진한 애무를 했다면 어떠한가? 상대방의 옷 속으로 손을 넣어 성적 쾌감을 느끼거나 느끼게 했다면, 그것은 육체관계를 가진 것인가, 아닌가? 그러면 그 사람은 순결하지 않은 것일까? 타인의 몸을 몰래 찍어서 혼자 보거나 단체로 돌려 보는 행위는 순결 여부와는 아무 상관이 없을까?

강의를 준비하느라 남자와 여자의 성기 그림이 필요했다. 인터넷을 검색하다가 서울의 한 종합병원 홈페이지에 올라와 있는 성기 그림을 보게 되었다. 여자의 성기 특정 부위에 '처녀막'이라고 쓰여 있었다. 처녀막에 대한 설명은 이러했다. "질 하단부에 위치하여 질 입구를 부분적 혹은 완전히 폐쇄하는 주름 또는 막 모양의 섬유 조직입니다. 여성 생식기의 외음부와 내음부의 경계가 됩니다. 외부의 자극으로부터 내생식기를 보호하는 역할을 할 것이라 생각되지만, 임상적으로 그 기능은 크지 않습니다."[12]

의료계에서 이 용어를 계속 쓰고 있지만 처녀막은 이름과 달리 '막'이 아니다. 간혹 막처럼 존재하기도 하지만 극히 예외적이다. 실제로 막처럼 막힌 경우 '질주름 폐쇄증'이라 하여 수술이 필요하다. 그래야 사춘기 때 월경 혈이 나올 수 있기 때문이다. 처녀막은 없다. 질주름(혹은 질근육)이 있을 뿐이다. 2009년 스웨덴에서는 '처녀막'이라는 명칭을 폐지했다. 질주름은 여자의 성기가 그러하듯 개인마다 모양이 천차만별이다.

처녀막은 순결을 중시하는 사회에서 누가 처녀인지 아닌지를 판단하는 기준으로 사용했지만, 처녀막을 검사한다고 해서 처녀인지 아닌지를 판단할 수는 없다. 여러 이유로 질주름은 손상을 입기도 한다. 그래서 첫 번째 성관계에서 피가 나야 처녀라는 말은 그야말로 신화에 불과하다. 그럼에도 오늘날까지도 처녀막 재생 수술을 받는 여성들이 있다. 검색 사이트에서 처녀막 재생 수술을 검색해 보라. 이 수술을 잘한다는 수많은 병원 광고가 뜬다. 마치 이 수술을 받으면 처녀성을 증명해 행복한 결혼 생활을 유지해 줄 수 있다는 듯 말이다.

어느 학부모 대상 성교육에서 처녀막에 관해 이야기했다. 집으로 돌아가는 지하철에서 교육에 참석한 어머니 한 분을 만났다. 고등학생 아들을 둔 분이었다. 우리는 나란히 앉아 이런저런 이야기꽃을 피웠다. 대화 중에 그분은 남이 듣지 않도록 작은 목소리로 본인의 이야기를 했다. "선생님, 사실 저도 처녀막에 대해 그렇게 생각하고 있었어요. 남편과의 첫날밤에, 그게 제 첫 경험이었는데요, 피가 나지 않아서 의아하게 생각했어요. 처녀니까 첫 관계에서 처녀막이 파열되면서 피가 나는 거라고, 저도 그렇게 알고 있었거든요. 근데 피가 안 난 거예요. 그때 당시 남편이 저를 의심하지 않았을까, 저는 줄곧 그런 생각을 해 왔어요. 제가 얼마나 무지했는지 오늘에서야 알았어요. 집에 가서 남편과 이 이야기를 해 봐야겠어요. 정말 감사합니다." 처녀막에 대해 오해해서 긴 시간 마음고생했을 그분의 손을 꼭 잡아 드렸다.

　우리 사회는 대체로 여성의 순결을 중시해 왔다. 실제로 '정조'(貞操)라는 개념을 사용해 강간 범죄를 규정한 시대도 있다. 성폭행을 여성의 정조를 침해한 범죄로 인식했던 것이다. 정조를 침해했다는 의미는 여성 개인에게 가해진 범죄가 아니라, 여성이 속한 남성 가족의 명예를 더럽힌 범죄라는 의미다. 남성의 순결은 거론조차 하지 않으면서, 여성이라면 정절을 목숨보다 소중히 지켜야 한다는 그릇된 신념이 지배적이기도 했다.

　이쯤에서 또 다른 궁금증이 생긴다. 성폭행 피해자는 순결한 것일까, 아닐까? 육체관계가 있었으니 사전적 정의로는 순결하지 않은 것일까? 하지만 이렇게 말하자니 피해자에게 너무 가혹하다. 성매매 여성에 관한 질적 연구서들을 보면, 어린 나이에 성매매를 시작한 여성 중에는 최초의 성 경험이 성폭행인 경우가 많다.[13] 이들은 성폭행을 당한 후 스스로 '나는 순결하지 않아, 나는 이미 버린 몸이야'라는 자기 비하에 빠졌고, 소위 '깨끗하지 않은' 자신이 할 수 있는 게 성매매밖에 없다고 생각하기도 했다. 너무 안타깝다. 누군가 순결은 그런 게 아니라고 새롭게 정의 내려 주기만 했어도 그 길에 들어서지 않았을 텐데 말이다.

　미국 UCLA 대학병원 강간치료센터에서 일하는 의료진은

순결은 범죄자가 빼앗아 갈 수 있는 물건이 아니다.

어떠한 성폭력을 당했든지 그곳에서 치료받는 아동에게 '순결 증명서'를 준다.[14] 종이 한 장에 불과하지만, 의료진은 피해 아동에게 도움이 될 만한 것을 찾기 위해 노력했다. 아이에게 의학적 도움을 주는 데서 그치지 않고 아이가 섣불리 희망을 잃지 않도록 안심시키려는 의료진의 섬세한 배려가 돋보이는 대목이다. 순결은 범죄자가 빼앗아 갈 수 있는 물건이 아니다.

"순결을 뺏겼다, 잃었다"고 고민을 털어놓는 청년들이 있다. 주로 여성들이다. 여전히 순결 이슈가 남녀 관계에 등장한다. 백소영 교수는 『페미니즘과 기독교의 맥락들』에서 순결을 "너를 향한 순도 100퍼센트의 사랑"이라고 정의한다.[15] 순결은 있지도 않은 처녀막으로 지켜지거나 잃어버리는 것이 아니고, 뺏고 뺏기는 그 무엇이 아니라는 의미다. 내가 지금 여기에서 너를 위해 줄 수 있는 순도 100퍼센트의 사랑, 그는 그것을 순결이라고 정의한다. 순결은 사랑하는 누군가와 함께 공유하는 그 무엇이다. 누구에게도 아직 준 적이 없다면 여전히 나의 소유다. 이런 의미에서 성폭행 피해자는 순결하며, 이전에 혹여 다른 사람과 육체관계가 있었을지라도 지금 당신 앞에서 진실한 사랑을 고백하고 헌신을 약속하는 그 사람은 순결하다.

그런데 순결을 이렇게 폭넓게 정의하면 누군가는 자신의 자유분방한 삶을 분명히 합리화할 것이라고 우려한다. 타당한 지적이다. 그런 사람도 있을 것이다. 그를 누가 막을 수 있을까? 그러나 우리를 향한 하나님의 뜻은 음란과 간음이 아니라 거룩함이다. 우리는 남자든 여자든 거룩한 삶을 추구하면서 하나님의 빛 앞에 시시때때로 자신을 비추는 수밖에 없다. 신앙생활은 "아버지의 온전하심과 같이 너희도 온전하라"(마 5:48)는 주님의 말씀을 매일 곱씹으며 성찰하는 삶이다.

청소년들을 대상으로 '혼전 순결 서약식'을 거행하는 기관이나 학교, 교회가 있다. 일정한 교육을 받게 한 후, 가족들과 교인들이 모인 자리에서 결혼 전까지 순결할 것을 서약하고 순결 반지나 팔찌를 나누어 낀다. 이런 의식(儀式)이 주는 유익이 분명히 있다. 이 의식을 계기로 성에 대한 바른 가치관을 세우고 성경적 관점이 무엇인지 생각해 본다면 더할 나위 없이 좋은 계기가 될 것이다. 절제와 분별은 어느 영역에서든 사람이 배워야 할 중요한 덕목이기 때문이다. 하지만 순결 서약이 자기 자신뿐 아니라 다른 사람을 정죄하는 도구가 되지 않도록 경계해야 한다. 서약에 참여하지 않은 사람들 혹은 서약을 지키지 못한 사람들을 배제하고 따돌리는 결과를 낳는다면 순결 서약의 좋은 의도는 빛이 바랠 것이다. 성장하는 청소년들에게 혼전 순결을 강조하는 것만큼이나 '지피지기 백전불태'라는 메시지도 들려주어야 하지 않을까.

'과거'를 말해야 할까?

"저의 '과거'를 결혼할 사람에게 말해야 할까요?"라고 묻는 청년들이 많다. 남성도 있었지만 대부분은 여성이 이 질문을 했다. '과거'가 무엇을 의미하는지 되물으니 성관계 경험이라고 말했다. '순결을 잃은 것'과 '과거'는 한 쌍이다. 앞에서도 강조했지만 성관계는 개인의 몸과 마음과 영혼에 영향을 끼치는 중차대한 행동이다. 하지만 성관계 이외의 육체관계를 가진 사람은 '과거'가 없는 것일까? 성관계를 한 적은 없지만 포르노를 비롯한 각종 음란물, 심지어 불법 촬영된 동영상을 이용해 성적 쾌락을 탐닉한 사람의 '과거'는 어떻게 보아야 할까? 정도의 차이만 있을 뿐, 부끄러운 '과거'는 누구에게나 있다.

이 사안에 대해 자칭 타칭 '연애 멘토'들의 의견은 크게 두 가지로 나뉜다. 애정 관계란 진실과 신뢰에 바탕을 둔 관계를 의미하니 결혼할 사람에게 말하고 털고(?) 가라는 사람이 있는가 하면, 이미 지나간 일을 이야기해서 괜한 분란을 일으킬 필요가 없다는 사람도 있다. 누구의 말이 정답일까? 말을 하고 안 하고를 떠나서 먼저 생각해 볼 지점이 있다. 자신의 과거를 지금 내 곁에 있는 사랑하는 사람에게 이야기해야 한다고 생각한다면 그 이유는 무엇인지, 말함으로써 이루고자 하는 바는 무엇인지 자문해 보라. 이야기해선 안 된다고 생각한다면 그 이유는 무엇인지, 자신의 동기를 먼저 돌아보는 게 도움이 될 것이다.

자기 마음의 짐을 덜려고 상대방에게 내 짐을 넘기고는, '나는 말했으니 감당하는 건 당신 몫이다'라는 태도를 갖는다면 잘못이다. 그리고 자기는 괜찮다고, 감당할 수 있다고 자신만만해하며 상대방의 과거를 털어놓게 하려는 사람은 방심하지 말라. 사랑하는 상대방의 과거를 맞닥뜨렸을 때 자기의 마음이 어떨지는 본인도 모를 수 있다.

만약 과거에 죄를 범한 게 있거든 주님 발 앞에 가져가 용서를 구하고 회개하라. 그리고 다시는 같은 죄를 범하지 않아야 한다. 만약 사람을 상대로 저지른 죄가 있거든 그 사람에게 찾아가 사과하고 용서를 구하라. 배상해야 할 게 있으면 배상하라. 만약 상대방의 과거를 알게 되었는데 용납할 수 없거나 본인이 감당할 수준이 아니거든, 그 짐을 억지로 지려고 애쓰지 말고 차라리 내려놓는 것이 서로를 위한 길일 수도 있다.

내 몸을 내가 만지는 것

순결만큼이나 많이 등장하는 질문이 "자위가 죄인가요?"다. 예전에는 자위 때문에 배출되는 정액은 혈액처럼 소중하다고 말하는 사람도 있었고 종교적 이유로 자위를 죄악시하기도 했다. 하지만 이제 자위를 병리 현상이라고 말하는 의사나 상담사는 없는 듯하다. 전문가들은 부모가 자위를 하는 아이들에게 주어야 할 메시지는, '자위 행위는 있을 수 있는 쾌락 본능'이며 '다만 지나치지 말라'는 조언이라고 말한다. 일상생활이 불가능할 정도로 자위에 집착한다면 전문가의 상담을 받아 보기를 권한다.

아이의 나이에 따라 자위를 다루는 방법은 달라야 한다. 특히 사춘기 이전 아이들의 자위를 죄로 단정해서는 안 된다. 이미 태아 때부터 자기 몸을 만지고 빨면서 놀던 아이는 태어난 이후에도 특유의 유연함으로 몸을 가지고 논다. 성기를 만질 때는 다른 신체 부위와는 다른 독특함을 느끼기 때문에 자위를 하게 되는 것이다. 대부분의 사람은 이렇게 자기 몸을 탐구하고 배워 가면서 몸에 대한 건강한 감각을 갖는다. 그래서 미취학 아동의 자위를 호들갑 떨며 걱정할 필요는 없다. 심심하거나 졸릴 때 성기를 만지는 건 자연스러운 현상이다. 비뇨기과

의사 강동우는 말한다. "아이에게 자위를 자해(自害)처럼 인식하게 만들면 안 된다. 굳이 자위를 권장할 필요는 없지만 이미 일어난 자위행위를 몰아세우면 아이의 성 관념은 부정적으로 빠질 수 있다."[16]

막내가 초등학교 1학년 때 손톱을 물어뜯기 시작했다. 외국이라는 낯선 환경에 스트레스를 받으면서 자기를 안정시키기 위해 선택한 방법이었다. 머리로 이해는 했지만 내버려 두고 지켜보는 일이 말처럼 쉽지는 않았다. 손톱을 물어뜯으면 다른 데로 눈길을 돌리게 하거나 다른 활동을 할 수 있도록 유도했지만, 하지 말라고 소리를 지른 적도 많다. 아이가 자위하는 것을 처음 본 부모도 아이를 윽박지르기 쉽다. 하지만 아동 심리 전문가나 소아과 의사들의 공통 의견은, 아이를 혼내는 방식으로는 절대 행동을 교정할 수 없다는 점이다. 오히려 그 행동을 부정적으로 강화한다. 자위 횟수를 줄여 나가려면 아이를 꾸짖는 대신에 아이와 같이 몸을 쓰는 놀이를 충분히 하고, 애정 어린 신체 접촉을 자주 나누어야 한다.

사춘기에 접어들면 자위를 통해 남녀 모두 오르가슴을 느낄 수 있다. 전문가들은 무조건 금지하는 것보다는 건강한 자위를 할 수 있도록 주의사항을 알려 주는 게 더 나은 대안이라고 말한다.[17] 주의 사항을 몇 가지로 정리해 보면 첫째, 성적 행동은 프라이버시이므로 편안하고 느긋한 장소와 시간을 택해 죄책감을 느끼지 말고 하라. 둘째, 성기에 너무 강한 자극을 가하지 말라. 딱딱한 방바닥이나 도구를 이용해서 성기를 자극하면 성기에 손상을 가져올 수 있다. 셋째, 반드시 자위와 음란물을 분리해야 한다. 영상을 끄고 내 몸 감각에 집중해야 한다. 특히 남자아이들의 경우 음란물을 보면서 빠르게 사정하는 방식에 익숙해지면 그것이 조루의 원인이 될 수도 있다. 청결을 유지하고 뒤처리를 잘하는 것은 기본이다.

아이는 키가 자라고 몸무게가 늘고 성적으로도 성장한다. 내 자식이지만 아이는 독립된 개체로 자리 잡아 가는 타인이다. 타인과의 관계에 가장 중요한 덕목은 존중이다. 사춘기 아이 방에 불쑥 들어가는 행동은 사춘기에 진입하는 아이를 부모와 멀어지게 하는 한 가지 요인이 된다. 아이가 문을 닫거나 문을 잠그면 그럴 만한 이유가 있을 것이다. 문 열라고 소리를 지르기보다는 '그럴 만한 이유가 있겠지'라고 부모 자신을 다독이는 게 아이와 좋은 관계를 유지하는 길이다.

한 남자 청년이 자위에 대해 '있을 수 있는 쾌락 본능'으로 보는 나를 강한 어조로 비판했다. "하나님은 자위하라고 성 기능을 주신 게 아니다. 성경에서는 성결과 거룩을 강조한다. 우리가 하나님을 주님이라고 부를 때는 우리의 행동이나 몸까지

안전한 그룹에서 성에 대해 궁금한 내용을
더 많이 묻고 말하는 환경이 절실하다.

완전하게 순종하겠다는 의미다." 그는 그러므로 자위는 해도 되는 게 아니라 하지 않으려고 애써 싸워야 할 문제라고 강조했다.

나는 그가 그토록 강한 어조로 비판하는 이유가 궁금했다. 나는 그 청년에게 자위가 하나님과의 관계에 걸림돌이 된다고 생각하면 하지 않으면 된다고 말했다. 하지만 그런 기준으로 다른 사람들의 자위를 비난하지는 말라고 일렀다. 기나긴 대화가 오간 끝에 알게 되었다. 그는 '자위는 죄'라는 교회의 가르침 때문에 자위를 하는 자기 자신을 비난해 왔다. 죄를 짓지 않으려는 그의 충정은 이해하지만 본인도 넘지 못하는 기준을 세워 놓고 남을 정죄하는 태도는 예수님이 말씀하신 "작은 자들 중 하나라도 실족하게 하[는 것]"(막 9:42)이다.

자위는 성별에 상관없이 남녀 누구나 할 수 있는 행동이다. 그러나 그간 여자의 자위는 남자의 자위에 비해 거론되지 않았다. 남녀가 함께 모여 있는 현장에서는 여자의 자위에 대해 거의 질문하지 않는다. 한번은 여자 청년들로 구성된 그룹에서 궁금한 점을 적어 보라고 했다. 그랬더니 자위에 대해 제법 많이 질문했다. 남자만큼이나 여자도 자위에 관심이 많다. 그러나 '여자는 조신하고 정숙해야 한다', '여자는 성에 대해 말하지 않는 게 미덕이다' 같은 고정 관념 때문에 성에 대한 궁금증을 드러내지 못한다. 안전한 그룹에서 성에 대해 궁금한 내용을 더 많이 묻고 말하는 환경이 절실하다.

임신과 피임

나는 준비된 부모가 되는 것의 중요성을 말하고 싶어서 성교육 전문가가 되었다. 준비하지 못한 상태에서의 임신은 남녀 특히 여성의 삶을 송두리째 바꿀 만한 사건이다. 그럼에도 성경험이 있는 미혼들의 피임 실천율은 낮은 편이다. 2018년 청소년의 피임 실천율 조사를 살펴보면 성관계 경험이 있는 청소년 중 절반 가까이는 여전히 피임을 전혀 하지 않고 있다.[18] 청소년의 피임 실천율이 2013년의 39퍼센트보다는 증가했으니 다행이라고 해야 할까. 원치 않은 임신이 가져올 여러 충격을 최소화하기 위해서라도 임신과 피임에 대한 기본 정보를 사춘기에 들어선 아이들에게 더 현실적으로, 여러 번 이야기해야 한다.[19]

누구나 알다시피 성관계 후 정자와 난자가 만나 임신이 된다. 정자가 자궁 안으로 들어온다고 해서 늘 임신이 되지는 않는다. 성숙한 난자가 난소에서 나와서 정자를 만나야 한다. 배란 여부는 여성의 건강 상태에 영향을 많이 받는다. 몸이 아프거나 스트레스를 받으면 규칙적이던 배란일이 달라지기도 한다. 배란이 되기 전 자궁은 수정을 대비해 혈액과 영양분을 자궁 내막에 저장한다. 수정이 되지 않으면 필요가 없어진 자궁 내막이 무너지며 몸 밖으로 배출된다. 이것이 월경(생리)이다. 대부분의 여성은 28-30일 주기로 월경을 한다. 월경을 며칠 동안 하는지는 사람마다 다른데, 보통 3-7일 정도다.

배란기는 마지막 월경을 시작한 날로부터 다음 월경 예정일 사이 중간쯤에 위치한다. 월경 시작 후 14일째 정도라고 볼 수 있다. 이 시기를 기점으로 앞뒤로 3-4일을 더한 약 일주일이 가임 기간이다. 난자는 배란 이후 12-18시간 동안 수정이 가능하고, 자궁 안으로 들어온 정자의 생존 기간은 약 3일이다 (예외적으로 7일인 경우도 있다). 그래서 정자와 난자가 만날 가능성이 있는 기간은 생각보다 길다. 여기에 몸과 마음의 상태에 따라 배란일이 불규칙할 수 있다는 점까지 감안한다면, 임신이 가능한 시기는 매우 길어질 수 있다.

여성들은 흔히 월경통이나 월경 전 증후군을 겪고, 배란통을 느끼는 여성도 있다. 어떤 여성은 배란기의 몸의 변화를 민감하게 체크해서 배란기에는 성관계를 하지 않는 '월경 주기 조절법'으로 피임을 하기도 한다. 하지만 이 방법은 월경 주기가 언제나 일정한 여성에게만 가능한 피임법이라서 권장할 만한 피임법은 아니다.

'경구 피임약'은 여성 호르몬과 황체 호르몬이 함유된 복합 경구 피임약과, 황체 호르몬만 들어 있는 단일 경구 피임약으로 나뉜다. 종류에 따라 매일 규칙적으로 먹는 피임약과 21일간 먹고 일주일은 중단하는 방식의 피임약이 있다. 경구 피임약은 피임 효과가 꽤 높은 편으로 많은 산부인과 의사들이 추천한다. 하지만 경구 피임약을 사용하는 비율은 낮은 편인데, 그나마 2011년 7.4퍼센트에서 2018년 18.9퍼센트로 증가했다.[20] 여성들은 경구 피임약을 오래 복용하면 나중에 임신이 잘 되지 않거나 다른 부작용이 많을까 봐 염려한다. 매일 일정한 시간에 복용하는 것도 쉽지 않다.

경구 피임약은 피임뿐 아니라 월경통, 월경혈 과다, 월경 불순 등의 치료제로도 사용된다. 약국에서 비교적 쉽게 구입할 수 있지만 의사 처방이 필요한 전문 의약품도 있다. 혈전 발생 위험성이 있는 피임약도 있으니 처음 복용할 때는 전문의와 상담하는 것이 좋다.

'루프'는 전문의의 시술로 자궁에 삽입하는 피임 장치다.

3-5년이라는 긴 시간 동안 피임 효과가 있고, 약을 먹는 번거로움도 없으며 콘돔보다 피임 성공률이 높다. 임신을 원할 경우에는 장치를 간단히 제거할 수 있다. 출산 경험이 있는 여성에게 더 적합한 피임법이다.

이밖에 작은 성냥개비 모양의 피임 기구를 팔 안쪽 피부에 심는 피임 장치도 있다. 한 번 심으면 3년간 피임 효과를 볼 수 있다. 붙이는 패치(일주일에 한 번씩 붙이는 피임약)도 있었으나 판매가 부진해 단종되었다. 한 달에 한 번 질 속에 삽입하는 링도 있다. 난자가 자궁으로 이동하는 통로인 난관을 자르거나 묶는 '난관 수술'도 있으나 결혼하지 않은 여성은 매우 신중하게 판단해야 하는 방법이다. 약이든 시술이든 부작용이 있을 수 있으니 전문의와 상담 후 자기에게 맞는 피임법을 찾는 게 중요하다.

'사후 피임약'으로도 불리는 '응급 피임약'은 말 그대로 응급할 때 사용해야 한다. 일반 경구 피임약에 비해 호르몬 함량이 10배 이상 높다. 이 약은 체내 호르몬 농도를 인위적으로 증가시켜 수정란의 착상을 방해한다. 성폭행 같은 응급 상황이 발생한 경우 최대한 빨리, 72시간 이내에 관계 기관(예를 들어, 해바라기지원센터)과 의료진의 도움을 받아 응급 피임약을 복용해야 효과가 나타난다. 고농도의 호르몬 제제이기 때문에 구토, 어지러움, 복통, 자궁 출혈 등의 부작용을 겪을 수 있다. 몸에 무리가 많은 약품이므로 응급 피임약을 일반 피임 방식으로 사용해서는 안 된다. 국내에서 판매 허가가 나지 않은 낙태약을 온라인에서 구매해 복용한 후 심한 부작용을 겪는 사례도 있고 불법으로 낙태약을 판매해서 적발되는 건수가 급증하고 있다.[21] 이는 여성의 건강에 위해를 가할 수 있으므로 반드시 전문의의 처방과 안내에 따라야 한다.

남성의 피임법은 대표적으로 '콘돔'이 있다. 사정된 정액 내 정자가 질 안으로 들어가는 것을 막는 고무 제품이다. 피임뿐 아니라 성 매개 감염 질환(성병)을 예방하는 효과가 있다. 제대로 사용하면 피임 성공률이 높은 편이고, 다른 피임법에 비해 부작용이 거의 없다는 장점이 있다. 사용하기 전에 콘돔의 유통기한을 확인하고, 찢어진 곳이 없는지 살펴보아야 한다. 콘돔의 안과 밖을 잘 구분해서 착용하고, 한 번 쓴 것은 재사용하지 않는다. 약국뿐 아니라 편의점이나 지하철 자판기 등에서 구매가 가능하니, 임신을 원하지 않는다면 최소한 '노 콘돔, 노 섹스'(No condom, No sex)의 원칙을 꼭 지키도록 한다.

'정관 수술'은 양쪽 정관을 잘라서 두 끝을 봉합하여 정자의 이동을 차단하는 수술이다. 수술 시간도 비교적 짧고 회복도 빠르다. 부작용도 거의 없다. 그러나 질병을 치료하는 게 아니라서 보험이 적용되지 않는다는 점을 고려해야 한다. 수술 후에는 몇 개월에 한 번씩 정액 검사를 통해 정자가 있는지 확인해야 하는 번거로움이 있다. 수술 후 통증, 출혈, 염증 등의 부작용이 있을 수 있고, 아주 드물게 정관이 스스로 연결되어 임신이 되는 예도 있다. 난관 수술과 마찬가지로 미혼 남성은 신중하게 판단해서 결정해야 하는 피임법이다.

간혹 '질외 사정법'을 피임 방법으로 생각하는 경우가 있다. 성관계를 하다가 남성이 사정 직전에 성기를 빼서 여성의 질 밖에서 사정하는 방식이다. 주로 임신 가능성이 낮은 시기에 여성의 월경 주기 조절법과 함께 사용하는 피임법이라고 알려져 있다. 처방전이나 장치가 필요 없으니 언제나 사용할 수 있는 방법이라는 이유로 사용한다. 하지만 사정하기 전에 남성의 성기에서 나오는 '쿠퍼 액'(남성이 성적으로 흥분하면 요도를 타고 나오는 맑은 액체)에 정자가 포함되어 있을 가능성도 있다. 게다가 사정을 하는 적당한 타이밍을 맞추기란 매우 어렵다. 따라서 임신을 원하지 않는다면 이 피임 방법은 권장하지 않는다.

낙태 혹은 임신 중단

국내에서 국내로 입양되는 아이들은 대부분 흔히 '미혼모'라고 부르는, 결혼하지 않은 여성의 아이로 알려져 있다. 내 막내딸도 미혼모의 아이였다. 아이를 입양한다는 것은 그 아이의 과거도 함께 받아들이는 것이다. 막내 덕분에 미혼모의 아이가 태어나기까지, 태어난 이후에도 여성과 아이 모두 얼마나 고통스러운 경험을 하는지 현실을 더 잘 알게 되었다. 그래서 나는 청소년과 청년들을 만나 성에 대해 이야기할 때면 자기가 낳은 아이를 떠나보내지 않기 위해서라도 준비된 성관계를 해야 한다는 점을 강조한다. 임신을 몸으로 겪는 여자뿐 아니라 남자 역시 임신 가능성을 염두에 두고 성관계를 해야 하며, 임신을 원하지 않으면 최소한 콘돔을 사용하라고 강조한다.

나는 낳은 부모가 양육을 포기한 아이들에 대해 마음이 쓰였고, 그 아이들이 시설보다는 가정에서 자라야 한다고 믿었기에 입양을 했다. 자기만의 아름다움을 지닌 막내를 낳아 준 생모에게 감사한다. 나는 이런 관점을 갖고 있었기에 임신을 유지할지 고민하는 사람들에게 낙태를 하지 않고 낳기를 권유했다. 미혼 부모를 돕는 기관을 연결해 줘서 아이와 함께 살아갈 방법을 모색하거나 입양 보내는 길을 알아봐 주었다. 또 낳은 부모가 양육을 포기한 아기들을 위해서 더 많은 가정이 입양에 나서도록 필요를 알리고 격려하는 역할을 해 왔다. 이렇게 정보를 주고 안내를 하지만 결정은 언제나 당사자들의 몫이었다.

2019년 4월 11일, 낙태에 관해 역사적인 판결이 있었다. 헌법재판소는 현재의 낙태죄 법 조항이 임산부가 결정할 권리를 과도하게 침해하는 것이기에 헌법에 위배된다고 판단했다. '낙태죄 헌법 불합치' 결정을 내린 것이다. 기존 형법에는 임신한 여성이 낙태한 경우 본인과 낙태 시술을 한 의사를 처벌하는 조항이 있다. 이로써 1953년에 제정된 낙태죄는 헌재의 판단에 따라 66년 만에 관련 법 조항을 개정해서 어느 시점까지를 허용할지 결정해야 하는 출발점에 서게 되었다.

그간 우리나라는 형법에 근거해 원칙적으로 낙태를 금지하고 처벌했지만, 모자보건법상 예외를 두고 있었다. 모자보건법에서 예외적으로 낙태를 허용하는 기준은 매우 시대착오적이었다. '우생학적'이라는 전근대적 개념을 사용해서 '정상과 비정상'의 몸을 가르고, 국가가 나서서 비정상을 없애 버리는 데 일조해 온 것이다. 이는 낙태죄 유지를 합헌이라고 보았던 기존의 헌재 판결과 배치되기에 모순적인 조항이었다. 낙태죄에 관해서 형법이든 모자보건법이든 더 일찍 손보았어야 했다.

낙태죄가 엄연히 존재했음에도 불구하고 국가가 산아 제한 정책을 채택했고, 일명 '낙태 버스'를 운행해서 낙태를 권장하기도 했다.[22] 이는 낙태를 인구 조절 도구로 이용한 국가의 어두운 과거다. 그랬던 국가가 이제는 저출산(저출생) 위기라는 미명하에 출산 장려 정책의 하나로 낙태 방지 등 태아를 포함한 모든 생명을 존중하는 사회적 여건을 조성하겠다고 밝혔다. 보건복지부가 낙태 시술을 한 의사에 대한 처벌을 강화하겠다고 발표하고,[23] 여성들이 아이를 많이 낳아야 한다며 가임기 여성의 '출산 지도'라는 것까지 만들었다.[24] 지자체들끼리 '얼마나 아이를 많이 낳았는가' 경쟁을 시키고, 잘하는 지자체에게만 돈을 주겠다고 했다. 이런 정부 정책을 보며, 여성들은 국가가 여성을 아이 낳는 도구로 치부했다며 분노를 터뜨렸다. 여성의 몸을 관리하고 때로는 비난하고 처벌해 온 정부의 일관성 없는 정책은 비판받아 마땅하다.

낙태는 꾸준히 논쟁거리가 되어 왔고, 신앙인들 사이에서도 그렇다. 낙태죄 헌법 불합치 판결을 앞에 두고도 그리스도인 사이에 입장이 나뉘었다. '낙태'와 '낙태죄'는 분명 다른 범주의 문제다. 낙태죄 폐지를 주장한다고 해서 낙태 자체를 지지한다고 말할 수 없으며, 낙태는 반대하지만 낙태죄를 폐지 혹은 개정해야 한다고 생각하는 사람도 있다. '도덕'이나 '윤리'처럼 눈에 보이지 않는 가치를 법제화하려면 공론화 과정이 필요하다. 이해 당사자와 전문가의 의견을 듣고 사회 변화와 시대 흐름에 맞춰 새로운 법이 만들어지기도 하고 수정되기도 한다. 낙태죄 헌법 불합치도 이런 사회 변화를 반영한 결과라고 볼 수 있다.

낙태죄가 폐지되었으니 자유롭게 낙태하겠다고 마음먹는 여성은 없을 것이다.

헌재가 '낙태죄 헌법 불합치' 결정을 내린 후 1년 반이 지나서 정부는 낙태를 제한적으로 허용하는 개정안을 입법 예고했다. 형법의 낙태죄는 유지하되 임신 14주까지는 낙태를 허용하고, 24주까지는 성폭행에 의한 임신, 사회경제적 이유 등 특정한 사유가 있을 때만 허용한다는 내용이었다. 낙태죄 조항을 완전히 없애지는 않고 낙태 허용 조건을 신설한 것이다. 정부안이 발표되자 당장 반발이 나왔다. 낙태죄를 그대로 유지하는 것뿐 아니라 기존의 모자보건법상 낙태 허용 요건을 형법에 넣은, 명백하게 퇴행한 개정안이라는 것이다. 여성의 신체 조건과 상황이 다 달라서 정확하게 임신 주수를 확인하지 못하는 경우도 있다며 낙태죄 전면 폐지를 요구했다. 한편, 태아의 생명권을 보호하는 부분이 빠져 있다며 반발하는 목소리도 있다. 이들은 여성의 몸에 해가 되지 않는 낙태 허용 주수가 어디까지인지 전문가들의 의견을 들어 보고 결정해야 한다며 이번 개정안에 불만을 터뜨렸다.

이렇듯 낙태에 관해서는 '프로초이스'(Pro-Choice: 낙태지지론)와 '프로라이프'(Pro-Life: 낙태반대론), 크게 두 입장으로 나누어 설명할 수 있다.[25] 먼저 '프로초이스'의 이야기를 들어 보자. 이 입장은 임신 유지에 대한 여성의 선택권을 지지한다. 그래서 '낙태'라는 용어 대신 '임신 중단'이라고 표현한다. 여성도 인간으로서 남성과 동등하게 성관계를 할지 말지, 결혼을 할지 말지, 아이를 낳을지 말지 같은 개인적 권리를 행사할 수 있다. 여성이 원하지 않는 임신을 계속 유지하도록 강요하는 행위는 성적 자기 결정권 침해에 해당한다. 여성도 임신과 출산으로부터 자유롭게 살 수 있는 권리가 있다. 낙태는 남자와 여자의 성평등을 확대한다.

기존의 낙태죄는 남자는 제외하고 여자만 처벌하기 때문에 명백한 남녀 차별이다. 또한 태아는 생물학적으로 어머니와 분리할 수 없으므로 낙태가 태아의 권리에 반하는 행동이라고 볼 수 없다. 태아가 성인이나 어린이와 동일한 정도의 권리를 가지고 있다고 볼 수는 없다. 태아에게 '생명권'이 있다고 하더라도 여성에게 생명을 보존할 조처를 하도록 강요할 수는 없다. 사회가 법을 이용해 도덕적 규범을 강요해서는 안 된다. 어떠한 법도 한 개인에게 '선한 사마리아인'이 되라고 요구하지 않는다. 낙태죄의 본질은 여성 개인의 몸을 국가가 원하는 규범 안에 가두고 통제하는 것이다. 프로초이스 입장을 취하는 사람 중에는 탯줄을 끊고 나오지 않는 이상 태아는 여성 신체의 일부라고 주장하는 이들도 있다.

'프로라이프' 입장은 이렇다. 이 입장은 태아의 생명권을 지지한다. 헌법적 권리는 개인의 결정이 다른 사람에게 해를 가하지 못하도록 제한한다. 생명의 존엄성은 개인의 신체적 자율권을 능가하는 가치다. 태아의 생명권은 여성의 자기 결정권과 같이 논의될 수 없고 이 두 가치는 성격이 전혀 다르다. 인간 생명의 가치는 최우선으로 다루어져야 한다.

낙태하기로 선택하는 것은 개인의 결정 차원에 머무르는 게 아니라 다른 누군가의 운명을 결정하는 것이다. 생명을 구해야 할 의무(도덕적 문제)와 생명을 빼앗지 말아야 할 의무(법적 문제) 사이에는 분명한 차이가 있다. 낙태는 생명을 빼앗는 것이고 따라서 법적 문제다. 문명사회는 노인, 병자, 어린이, 가난한 자, 갇힌 자, 노숙자, 정신적·육체적으로 장애가 있는 자, 그리고 태어나지 않은 아기를 포함하여 그 사회의 가장 연약한 자들을 돌보고 보호하는 곳이다.

기존 낙태죄는 이미 사문화(死文化)된 법이다. 그래도 법이 존재하므로 태아를 지키려는 사람이 보호받았던 측면이 있다. 낙태죄를 여성에게만 묻는 것이 잘못이라면, 남성에게도 합당한 죄를 물을 수 있도록 바꾸는 게 합리적이다. 프로라이프를 지지하는 사람 중에는 낙태죄가 폐지되면 낙태를 피임 방법으로 여기는 사람이 늘어날 것이라고 우려하는 사람들도 있다.

낙태 자체를 지지하든 반대하든 바라는 세상은 같다.
미혼모에 대한 편견과 차별이 사라지고, 사회가 이들의
아이들을 받아들이고 지원하는 일을 더 촘촘히 실행해야 한다.

낙태죄와 관련한 의견들을 살펴보면, '프로초이스'나 '프로라이프'나 결국 같은 것을 원한다는 생각을 하게 된다. 사뭇 다르게 보이는 두 입장에 서 있는 사람들 모두 아이를 낳아 키우기 좋은 사회를 원하고 있다. 낙태 자체를 지지하든 반대하든 바라는 세상은 같다. 미혼모에 대한 편견과 차별이 사라지고, 사회가 이들의 아이들을 받아들이고 지원하는 일을 더 촘촘히 실행해야 한다. 여성 혼자 임신을 책임지지 않고 남성도 출산과 양육에 대한 책임을 지도록 법을 만들어 강력하게 집행해야 한다. 낙태는 여성의 몸과 마음에 깊은 상처를 남긴다. 여성이 가급적 낙태하지 않도록 국가와 사회가 도와야 한다.

이렇게 같은 세상을 원하는 것 같지만, 각론에 들어가면 차이가 드러난다. 여성 누구도 위험한 낙태를 원하지 않는데, 현재의 낙태죄 때문에 여성은 음지에서 위험하고 비용도 많이 드는 낙태 시술을 받아야만 한다. 따라서 프로초이스 입장에서는 의료 체계 안에서 낙태 시술을 받을 수 있어야 한다고 말한다.[26] 또한 의료진을 처벌하는 조항 때문에 의료인들이 낙태를 의료 행위로서 제대로 교육받을 수 없는데, 여성과 의료진 모두에게 낙태와 관련한 정보와 교육이 주어지고 연구와 상담 등이 이루어져야 한다. 여성이 원하면 임신 기간 내내 낙태를 할 수 있게 해야 한다는 주장부터 태아의 생존 가능성이 높아지는 22주 이내로 제한해야 한다는 목소리도 있다.

프로라이프 입장은, 태아는 여성의 몸에서 성장하지만 여성의 몸과는 다른 개별적 존재라고 본다.[27] 잉태된 순간부터 태아는 여성 몸의 일부가 아닌 독립적인 한 인간, 타인이다. 태아의 생명은 여성의 '자기' 결정권 중 '자기'의 범위 안에 들지 않는다. 이들은 아기의 생사를 타인이 결정할 권리가 없다고 강조한다. 낙태죄는 지금까지 여성을 처벌하기보다는 생명을 소중히 여겨 낙태를 예방하는 기능을 해 왔으므로 유지되어야 한다고 말한다. 낙태를 허용하는 게 여성의 권리 향상에 이바지한다는 프로초이스 입장과는 달리 프로라이프 입장에서는 낙태를 허용하면 여성의 부담이 더 커지고 남성은 책임이 면제될 수 있다고 주장한다.

나는 여성이라는 이유로 강력 범죄의 표적이 되고 성폭력에 노출되고 각종 차별과 편견의 대상이 되는 것에 저항한다. 행위는 함께하면서 결과는 책임지지 않는 남성이 없으려면 강력한 '부성 책임법'(양육 책임법)이 필요하다. 그러나 나는 '내가 원하면 선(善)이고 원하지 않는 것은 악(惡)이다'라는 논리를 태아에게 적용하는 것에 우려를 표한다. 또한, 태아는 독자적으로 생존이 불가능하니 여성 몸의 일부라는 말은 절반만 사실이다. 그런 논리라면 태어난 아기도 일정 기간 독자적 생존이 불가능하다. 눈에 보이고 보이지 않는다는 차이밖에는 없지 않은가. 누군가가 살아가기 위한 최선의 길이 가장 약자를 희생시키는 방법밖에 없다면, 그런 사회는 깊이 병든 것이다. 여성과 태아를 저울질하면서 누가 더 약자인지 논쟁하는 것을 지켜보는 일은 참으로 고통스럽다.

앞으로가 중요하다. 우리는 아이들이 생명에 대해 어떤 가치관을 가지고 살기를 바라는가? 우리는 아이들이 낙태에 대해 어떻게 생각하고 선택하고 결정하도록 도와야 하는가? 교회의 성교육은 현실과 동떨어져 있고 더욱이 피임 교육은 전무하다. 피임 이야기를 하면 성관계를 조장하는 거 아니냐며 손을 내젓는다. 낙태는 여성의 건강과도 직결되는 문제다. 나는 진심을 다해 청소년과 청년들에게 자기의 몸을 귀하게 여기고, 부디 준비된 성관계를 하고, 임신을 원하지 않으면 피임을 하자고 호소한다. **사랑은 책임지는 것**이라고 목소리를 높인다. 생명의 엄중함과 피임법을 동시에 이야기하는 어른이 많아지길 기대한다.

핵심 메시지

1. 우리를 향한 하나님의 뜻은 거룩함(a holy life, 살전 4:7)이다. 누구와 어떻게 사랑을 나눌 것인가의 기준은, '거룩함'을 어떻게 실천하느냐에 있다.

2. 우리는 하나님과 신앙의 공동체 앞에서 신뢰와 헌신을 약속하며 결혼한다. 결혼 관계 안에서 맺는 성관계는 큰 기쁨과 만족감을 제공한다.

3. 성관계는 사랑하는 마음과 생명에 대한 책임감이 수반되어야 한다.

함께 생각해 볼 질문

1. 성관계를 하기 위해 필요한 유형/무형의 준비물을 적어 보자. (예: 유형-장소/무형-사랑)

2. '좋은' 섹스란 어떤 섹스일까?

3. 당신이 결혼을 하려는(하고 싶은) 이유, 또는 하지 않으려는(하고 싶지 않은) 이유는 무엇인가?

4장. 젠더와 감수성

> 여자는 태어나는 것이 아니라 만들어진다.
> **시몬 드 보부아르(Simone de Beauvoir) 소설가, 철학자**

2장과 3장에서 '성'이라고 번역되는 '섹스'의 두 가지 의미, 성별과 성관계에 대해 살펴보았다. 우리말로는 똑같이 '성'이라고 번역되는 또 하나의 단어가 있는데, 바로 '젠더'라는 개념이다. 섹스가 생물학적이고 유전학적인 성의 속성을 말한다면, 젠더는 사회 환경과 학습에 의해 사람이 남자와 여자로 형성된다는 점을 강조한다.

젠더는 사회문화적으로 규정된 남성적·여성적 속성을 생물학적 성과 구분 짓기 위해 1970년대 후반부터 사용되기 시작했다. 남녀가 생물학적으로 다르다는 점을 모조리 부정하는 것이 아니라 우리가 알고 있는 여성성(여성다움)/남성성(남성다움)에 사회문화적 영향이 스며 있음을 살펴보자는 것이다. 젠더는 사회에 의해 만들어진 개념으로 시대에 따라 변해 왔고 그러니 앞으로도 변할 개연성이 있다.

그런데 1980년대 이후부터 어떤 사람이 남자인지 여자인지 지칭하는 경우에도 '섹스'(성별)와 '젠더'를 섞어 쓰기 시작했다. 설문 조사를 할 때 '당신의 젠더가 무엇인지 표시하라'고 하는 경우도 있다. 교회에서 강의를 할 때 '젠더'라는 단어를 사용하면 비판하는 사람이 있다. 그들은 성별은 명확하게 남자와 여자로 나뉘고 이는 시대를 초월하고 불변하는 성경적 진리이므로, 생물학적 다양성을 허용하는 듯한 '젠더'라는 단어를 사용하면 안 된다고 한다. 젠더 다양성이 결국 동성애를 허용하고 그것이 성적 문란을 초래한다는 논리로 이어진다. 앞서 2장에서 이미 성별과 정체성을 다루었으므로 여기서는 사회적으로 인식되는 성 차이를 언급하는 개념으로서 젠더를 사용한다.

변하는 성

어떤 이들은 과학이라는 권위에 근거해 남자와 여자 사이에는 불가역적 차이가 존재한다고 주장한다. 차이가 있다고 말하는 것에 큰 문제는 없다. 다만 '남자니까 이렇고 여자니까 저렇다', '남자는 이래야 하고 여자는 저래야 한다'라는 남성성/여성성이 불평등을 유발하고 차별을 양산한다면 그런 현실은 적극적으로 바꾸어 나가야 한다. 젠더에는 이러한 문제의식이 담겨 있다. 우리가 "너는 왜 여자애처럼 화장하는 걸 좋아하니?", "너는 진짜 남자다워"라고 말할 때, 그 '여자다움/남자다움'은 '원래 그런 것'이었을까?

'인류학의 어머니'라고 불리는 마거릿 미드(Margaret Mead)라는 학자가 있다. 미드는 20세기 초반에 남태평양에 있는 원시 부족들과 먹고 자고 스스럼없이 어울리며 그들의 삶을 연구했다. 뉴기니섬에서 만난 세 부족 곧, 아라페시족, 문두구모르족, 참불리족을 연구한 결과를 바탕으로, 1935년에 『세 부족 사회에서의 성과 기질』(이화여자대학교출판문화원)이라는 책을 출간했다. 이 책에서 미드는 아라페시족과 문두구모르족은 남자와 여자라는 성별의 구분이 힘들 만큼 두 성이 비슷한 성격을 보였고, 참불리족은 남자와 여자의 성격이 당시 미국 사회와는 반대되는 특징이 있다고 썼다. 따라서 그는 한 사회에서 남녀의 역할은 정해져 있지 않고, 성별에 상관없이 자신이 원하는 일을 선택할 수 있다고 주장한다.[1]

미드의 연구 결과는 미국 사회에 큰 반향을 일으켰다. 당시 미국인들은 남자는 밖에 나가 돈을 벌고 여자는 집에서 아이를 키우고 살림을 하는 것을 '당연하게' 여겼다. 그런데 미드의 연구는 이 통념을 깨뜨린 것이다. 지금도 이런 고정 관념을 가진 사람들이 많은데, 당시로서는 이 주장이 얼마나 파격적이었을까 싶다. 세상을 혼란스럽게 만들었다고 미드를 비난한 사람들도 많았지만, 미드는 여성이 남성보다 능력이 부족하다는 편견을 깨는 데 큰 역할을 했다. 여성성/남성성은 문화와 시대에 의해 결정되고 또 변하기도 한다.

젠더의 작동 방식

그렇다면 젠더는 언제부터 개인의 삶에 영향을 끼치기 시작할까? 젠더는 임신을 하기 전 아직 있지도 않은 아이에 대한 기대에서부터 작동한다. 2018년 가정의 달을 앞두고 실시한 여론조사를 보면, 연령대를 불문하고 딸을 선호했다.[2] 아들을 선호하던 과거에 비해 현저하게 달라진 사회 분위기를 볼 수 있다 (물론 딸을 바라는 마음이 성차별 없는 밝은 미래를 만들어 주지는 않는다).

딸을 선호하는 이들은 아들보다는 딸과 자연스럽게 감정을 나누며 친밀감을 쌓을 수 있을 것으로 기대한다. 그 반면, 아들은 무뚝뚝해서 말도 잘 안 할 것 같고 부모 생일에 편지나 꽃을 챙기지도 못할 거라고 생각한다. 나처럼 딸만 둔 사람은 아들을 선호하기도 하는데, 아들과 함께 (딸과는 못할 것 같은) 스포츠를 즐겼으면 하고 바라기 때문이다. 다행히(?) 우리 집은 막내딸이

'아들 노릇'을 톡톡히 하고 있다.

나는 첫아이를 낳을 때 출산 전까지 아이 성별을 알지 못했다. 불룩 나온 내 배 모양을 보고서 주변 어르신들은 아들인지 딸인지 갑론을박했다. 임신 중에 잘 먹은 음식이 무엇이냐에 따라서도 아들인지 딸인지를 예측했다. 아기가 태어나면 본격적으로 젠더 이슈가 등장한다. 딸을 낳으면 분홍으로 대표되는 붉은 계열의 선물들이 들어오고, 아들을 낳으면 파란색 계열의 물건들이 늘어난다.

그런데 예전에도 성별에 따른 색깔 구별이 지금과 똑같았을까? 아니다. 19세기 말 그림들을 보면, 분홍색은 '열정과 용기'를 상징하는 빨강과 가까운 색깔이어서 남자아이들에게 사용되었다. '믿음과 지속성'의 상징인 파랑은 여자아이들의 색깔이었다. 20세기 중반이 되어서야 지금의 색깔 구별이 관습으로 자리 잡았다.[3] 젠더는 불변하고 고정된 진리가 아니다.

아이가 성장하면서 부모를 비롯하여 친척, 교사, 친구, 이웃 등 사회적 관계를 맺는 사람들에 의해 젠더는 다양한 분야에서 단단해진다. 아이는 태어난 이후로 주변 사람들이 사용하는 단어와 표정과 몸짓을 통해 꾸준히 젠더의 단서를 발견한다. 또한 텔레비전이나 스마트폰으로 미디어를 접하면서 젠더에 대한 힌트들을 끊임없이 주입받는다.[4] 그러면서 마침내 아이 스스로 여자아이에게 어울리는 옷, 남자아이에게 적합한 언어 습관 등으로 남녀를 분리하면서 어느 한쪽에 자리를 잡아 간다. 각각의 성별에 걸맞은 성 역할이 있고 성별에 어울리는 행동을 하면서 가장 자기답게 성장한다고 믿는다. 부여된 성 역할을 제대로 수행할 때는 어른들에게 칭찬을 받지만, 주어진 성 역할과 다르게 행동하면 나쁜 아이라고 찍힐까 봐 두려워한다. 특히 자기가 중요하게 여기는 또래 집단에서 내쳐지는 것을 경계하면서 강한 젠더 관념을 내면화하게 된다.

'스키마'(schema)라는 개념이 있다. 이는 '세계에 대한 믿음 혹은 관념의 틀'을 일컫는다. 우리는 다량의 정보 중에서 스키마를 사용해 무엇에 집중할지, 무엇은 그냥 넘길지를 결정한다. 특히 젠더 스키마를 연구한 심리학자 샌드라 벰(Sandra Bem)은 젠더 고정 관념을 통해 타인을 파악하려는 경향성을 '젠더 렌즈'라고 표현했다.[5] 그는 젠더 렌즈를 통해 사람을 보지 말고 젠더 렌즈 자체를 보아야 한다고 지적한다. 여자나 남자, 그리고 사회에 관한 판단을 내리기 전에 우리 안에 있는 무의식적 편견을 먼저 이해해야 한다는 말이다. 우리는 어떤 렌즈로 성별을 바라보고 있을까? 우리가 남자와 여자를 바라보는 렌즈에는 아무 문제가 없을까?[6]

남자는 이렇고, 이래야 해!

"남자는 태어나서 세 번 운다", "남자가 부엌에 들어오면 고추 떨어진다." 이 두 명제는 남자를 규정하는 오래된 '틀'이다. 이뿐 아니다. "남자애가 겁이 많네", "남자는 능력만 있으면 다 된다", "남자는 힘!", "남자는 매사에 주도적이어야 한다", "남자는 뭐든 잘해야 한다" 등 어린이부터 노인에 이르기까지, 남자들은 주로 힘, 돈, 능력과 관계된 말을 듣고 자란다.

지인이 초등학생 아들과 통화하는 것을 옆에서 들었다. 무슨 일 때문인지 몰라도 전화기 너머에 있는 아이가 울었나 보다. 그이는 "뚝! 남자가 왜 울어? 여자애처럼 우는 거 아니야!"라고 했다. 젠더 렌즈를 끼고 이렇게 말하는 모습을 우리는 흔히 볼 수 있다. 본인도 여자면서 '여자애처럼'(혹은 계집애처럼) 울지 말라고 경계하는 모습을 보고 있자니 기분이 묘했다. '여자애처럼'이라는 말에는 여자는 남자보다 못한 존재라는 속뜻이 담겨 있다. 이렇듯 남자아이는 어려서부터 여자의 성향이나 관점이라고 생각되는 것들과 거리를 두게끔 배운다. 무엇보다 울고 싶을 때 마음대로 울지 못하는 수화기 너머의 아들이 얼마나 속상할까 싶었다.

남자아이들끼리도 다른 남자아이를 놀릴 때 '계집애 같다'

멍이 들 만큼 맞을 때 어떻게 행동해야 남자다운 것일까?
아파도 그냥 참는 것일까? 아프면 아프다고 말하고 감정을
표현하는 것이 남자다움/여자다움을 떠나 인간다운 행동이다.

라는 말을 종종 사용한다. 다른 아이들에 비해 덩치가 왜소하거나 성격이 섬세하거나 혹은 여자아이들이 좋아할 만한 놀이를 여자아이와 같이 하고 있을 때, 집단의 헤게모니를 쥔 남자아이들로부터 놀림을 받는다. 그 말을 들은 남자아이는 대부분 수치스러워한다. 남자들 사이에서 주고받는 '계집애 같다'라는 말에는 긍정적 암시가 전혀 없다. 남성성을 규정할 때 '여성처럼 되는 것'을 기피하고 나아가 여성을 무시하고 깔보는 정서가 깔려 있는 것은 아닌지 우려되는 부분이다.

초등학교 6학년 남자아이가 내게 억울함을 털어놓았다. "우리 반은요, 여자애들이 맨날 남자애들을 때려요. 여자애들이 얼마나 힘이 센대요. 진짜 아픈데도 그냥 맞기만 해야 돼요. 참고 참다가 한번 되받아치면, 선생님은 '남자가 여자를 때리면 되느냐'고 오히려 혼을 낸단 말예요. 너무 억울해요!" 남자는 여자를 때리면 안 된다. 하지만 여자도 남자를 때리면 안 된다. 남자가 여자를 때리면 안 된다고 말한 선생님은 전체 맥락을 보지 못했다. 멍이 들 만큼 맞을 때 어떻게 행동해야 남자다운 것일까? 아파도 그냥 참는 것일까? 아프면 아프다고 말하

고 감정을 표현하는 것이 남자다움/여자다움을 떠나 인간다운 행동이다.

또 다른 초등학교 남학생은 이렇게 말했다. "교실에서 책이 잔뜩 들어 있는 상자를 옮겨야 했어요. 그게 엄청 무거웠거든요. 제가 그 상자를 못 들고 있으니까 여자애들이 남자가 왜 이렇게 힘이 없냐고 놀렸어요. 기분이 무척 나빴어요. 사실 그 여자애들이 저보다 키도 크고 힘도 더 세다고요. 여자가 힘이 약할 땐 놀리지 않잖아요." 그 남학생 말이 옳다. 같은 나이의 성인 신체를 비교해 보면 일반적으로 남자가 여자보다 키가 크고 힘도 세다. 하지만 초등학생의 신체 발달 속도는 성인과 달라서, 무조건 남자더러 여자를 때리지 말라거나 남자가 왜 힘이 없냐고 하는 말은 오히려 남성성을 부정적으로 강화할 수도 있다.

한 지인은 고등학생 아들이 속을 썩이자 이렇게 말하며 야단을 쳤다. "너는 앞으로 가장이 되어 가족을 부양해야 하는데 어떻게 하려고 이러니!" 아버지가 돌아가셔서 슬퍼하는 중학생 아들에게 빈소를 찾은 지인들은 어머니가 옆에 계시는데도 이렇게 말했다. "앞으로는 네가 가장이다." 남자아이를 정신 차리게 혹은 철들게 하고 싶은 의도였다고 하더라도 그 말을 들은 아이는 엄청 부담스러웠을 것이다. 나는 딸들에게 '가장'이라는 단어를 사용한 적이 없다. 여자에게 가족을 부양할 책임이 없어서 그런 게 아니다. 지금 우리가 사는 시대는 한집안의 생계를 한 사람이 책임지고 꾸려 나가는 '1인 생계 부양자' 모델로는 살기가 어렵다. 가족의 역동과 형편과 상황에 따라 생계를 위한 노동은 남녀를 떠나 누구나 할 수 있다.

한 어머니가 내게 하소연을 했다. 본인은 아들에게 "이런 남자가 되어야지" 같은 말을 안 하려고 하는데, 남편은 학교에서 친구와 싸우고 돌아온 아들에게 "이겼냐? 졌냐?"를 물으면서 "다음에는 그냥 확 패 버려!"라고 가르친다는 것이다. 싸움이나 욕을 잘하거나 폭력성이 강할수록 또래 집단에서 '짱'이 된다는, 그릇된 남성성에서 비롯한 고정 관념이 대를 이어 전수되고 있는 모습이다. 부부의 교육관과 가치관이 서로 다를 때 아이들은 혼란스러울 수밖에 없다. 그렇다고 성인인 남편의 생각을 바꾸기도 쉽지 않다. 이런 경우 한 사람이라도, 폭력적인 것이 남성적인 게 아님을 꾸준히 일관되게 이야기해야 한다.

감정을 표현해도 괜찮아

우리 사회는 남자들에게 강한 남자가 되라고 말한다. 여자 친구, 아내, 딸, 가족을 지키기 위해 강해져야 한다는 것이다. 가족 안에서도 그렇고 사회생활에서도 남자는 여자보다 신체적·정서적·경제적으로 앞서가야 한다는 압력을 받는다. 그렇게 되려면 되도록 감정을 통제해야 한다. 무섭고 두렵고 슬픈 감정이 생기더라도 혼자 속으로 삭여야 한다. 우리는 남자아이들이 화를 표현하는 것에는 비교적 관대하지만 슬픔을 표현하는 것은 남자답지 못하다고 억압한다. 그러다 보니 슬픔과 화를 잘 구별하지 못해서 성인이 된 이후에도 슬픔을 화로 바꿔 버리는 일이 발생한다.

사람은 마음을 나누고 살아야 한다. 내 마음이 어떤지, 기분이 좋은지 슬픈지, 화가 나는지 즐거운지 말하는 것, 이는 관계를 맺는 기본 방식이다. 하지만 남자는 강해야 하고, 강해 보이려면 감정을 숨겨야 한다는 사회적 통념이 그간 소통할 줄 모르는 남자들을 양산해 온 것은 아닌가. 소통할 줄 모르고 살아온 남성들 중 일부가 중년이 되어 부부 관계에 위기를 맞거나, 가족들에게서 소외되거나, 위력과 완력을 남용하는 폭력의 가해자들이 되는 건 아닌가. 술의 힘을 빌리지 않고는 가족이나 친구에게조차도 감정을 토로하고 속내를 끄집어낼 수 없는 사람의 인생은 얼마나 외로울까.

주변 사람들에게 나누지 못한 속마음은 병이 될 수도 있다. 보통 우울증은 나약한 사람이 걸린다는 편견이 있다. 우울증은 자살로 이어질 수 있는 치명적 질환인데도 그저 나약해서 생긴

병으로 인식된다. '계집애 같다'는 말을 경계하는 남자로서는 그 병을 인정하고 싶어 하지 않는다. 따라서 남자들은 자신의 문제가 우울증에서 비롯되었다고 인정할 가능성도 낮고, 그러다 보니 자기의 증상에 대해 도움을 구할 확률도 낮다. 이런 식으로 상처받기 쉬운 상태를 인정하지 않거나 도움 요청을 꺼리는 것은 잠재적으로 남성의 수명을 짧게 만들 수 있다. 남성성이 위험하게 작동하는 것이다.[7]

인간은 사회적 동물이므로, 현실에서 집단의 문화와 분위기를 완전히 무시하고 독자 생존하기는 어렵다. 남자들 사이에서 따돌림당하지 않기 위해 남성성을 체득하는 것과 인간성을 함양하는 것 사이에서 중심을 잡기가 언제나 쉽지만은 않을 것이다. 이런 환경에서 아들은 어떤 남성으로 자라야 하는가. 우리는 아들을 어떤 남성이 되도록 양육해야 할까?

여자는 저렇고, 저래야 해!

여자들은 어떤 말을 들으며 자랄까? "여자 목소리가 담장을 넘으면 안 된다", "여자는 얼굴 예쁘면 끝이다", "남자는 여자 하기 나름이다." 여자들은 이처럼 외모를 꾸미라는 말을 듣고, 조신한 여자가 되라는 가르침을 받는다. 순종적이고 정숙해야 좋은 여자라는 이유로 심지어 남자의 잘못인데도 여자에게 책임을 묻기도 한다. 여자는 공과대학에 가기보다는 교육대학이나 사범대학에 가라는 권유를 받는다. 그마저도 예전에는 딸에게 아예 고등 교육을 시키지 않는 경우가 많았다.

여자는 외모에 대한 여러 기준으로 평가받는다. 머리카락은 길어야 하고 뚱뚱하면 안 된다. 치마를 입어야 예쁘고 남자처럼 다리를 벌리고 앉으면 안 된다. 조금 많이 먹으면 "그러다 살찐다"고 걱정하는 소리를 듣고, 조금 적게 먹으면 "다이어트 해?"라는 질문을 받는다. 화장을 하면 누구 만나냐는 간섭을 듣고, 화장을 안 하면 예의가 없다는 비난을 듣는다. 아르바이트 면접에서 면접원에게 화장부터 하고 오라는 지적을 받았다는 대학생의 경험담을 들은 적이 있다. 어떤 회사는 여성 노동자의 립스틱 색깔까지 정해져 있다고 한다. 여성은 자기의 의사와는 무관한 꾸밈과 미소를 강요받는다. '꾸밈 노동'에 대한 비판과 이에 저항하는 움직임도 많지만 갈 길이 멀다.

대중 매체는 끊임없이 여자 연예인의 외모를 부각하고 평가한다. 그래서인지 여자아이들은 외모를 꾸미는 데 관심이 많다. 실제로 화장을 하는 여자아이들의 나이가 점점 낮아지고 있다. 학교에서 강의를 할 때면 중학생인데도 색조 화장을 한 학생들이 많이 보인다. 책상 위에는 얼굴 크기만 한 거울이 놓여 있다. 되도록 마른 체형을 원해서 다이어트와 폭식을 오간다. 사진을 찍을 때는 어떻게든 얼굴을 작게 보이게 하려고 애쓴다. "외모가 인종, 성별, 종교, 이념 등에 이어 새롭게 등장한 차별 요소"라는 한 칼럼니스트의 말처럼, '외모 지상주의'가 현실이 된 지 오래다.[8]

"예쁘다" 혹은 "예뻐야 한다"라는 말을 들으며 자란 여자들은 자기 몸에 대한 만족도와 자존감이 매우 긴밀하게 연결되어 있다. 그래서 화장, 다이어트, 성형으로 자신감을 찾기도 한다. 하지만 자신의 외모에 만족하지 못할수록, 아름다움에 대한 천편일률적인 고정 관념에 사로잡혀 있을수록 외모 꾸미기는 집착이 될 수도 있다. 이런 행동에 대해 여자들 탓만 할 수는 없다. 외모로 평가받는 사회에서 자신의 가치를 지키기 위한 자구책이라고 볼 수밖에.[9]

그런가 하면 여자는 친절하게 행동할 때 칭찬을 받는다. 하고 싶은 말을 부드럽게 전달해야 한다고 지적받고, 보다 상냥하게 표현해서 성과를 얻어 내라는 훈수를 듣기도 한다. 거기에 애교까지 더하면 더할 나위 없이 좋다고 한다. 텔레비전 예능 프로그램에서는 (젊은) 여성 연예인이 나오면 애교를 보여 달라고 할 정도다. 물론 사람이라면 타인을 배려하고 존중하는 언어 습관을 배우고 실천해야 한다. 하지만 여자들에게 부과되 여성은 오랫동안 "여성도 인간인가?"를 질문해 왔고 "여성도 인간이다!"를 외쳐 왔다.

는 언어 태도는 남자의 경우와 다르다. 여자는 좀더 완곡한 어법을 사용하길 요구받는 것이다.

심지어 우리가 사용하는 스마트폰 음성 서비스는 여성 목소리가 기본으로 설정되어 있어서, 사용자들의 다양한 명령에 친절하고 나긋나긋한 목소리로 대응한다. 이것을 소비자가 선호한다고 한다.[10] 실제로 젠더 불평등과 여성 목소리 톤에 상관성이 있다는 연구들이 적지 않다. 호주의 한 연구팀이 1940년대와 1990년대 호주 젊은 여성들의 목소리를 비교 분석한 결과, 1990년대에 눈에 띌 만큼 여성들의 목소리 톤이 낮아진 것으로 나타났다. 연구팀은 여성이 공적 영역에 진출하는 규모가 커지면서 굳이 톤이 높은 애교 섞인 목소리로 말할 필요가 없어진 것으로 분석했다.[11]

여자아이들의 울음은 어느 정도 허용하면서, 화를 표현하면 엄격하게 반응하기도 한다. 이렇게 사회화되면 직설적으로 "안 돼", "싫어"라고 말하기보다 변명이나 사과의 말을 덧붙여 가며 상대의 기분을 상하게 하거나 화를 돋우지 않으려 애쓰게 된다. 이런 언어 습관은 성적 행동에서도 이어지고 때로는 그것이 문제가 되기도 한다.

여자아이는 살림이나 돌봄과 관련한 일이 여자의 몫이라고 여기며 자라기도 한다. 부모가 가부장제를 강화하고 고착시키려는 굳은 의지로 가르치는 것은 아니지만, 여성인 엄마가 집안일을 도맡아 하는 모습을 보면서 살림이나 돌봄 노동이 여자의 성 역할에 적합하다는 고정 관념을 자연스럽게 체득하는 것이 아닌가 싶다. 여기에 문제 제기를 하거나 나아가 그 역할을 수행하지 않는 여자들에게는 비난이 따라오기도 한다. 여자에게 기대하는 역할과 다르게 행동했을 때 사랑하는 사람들이 불편해하거나 화를 내는 것을 경험하면, 그런 상황이 만들어졌을 때 스스로 불편을 느껴서 그 역할을 자처하기도 하고, 기대되는 성 역할에 자신이 저항하면 결국 또 다른 여자인 엄마가 그 역할을 맡게 되니 어쩔 수 없이 받아들이는 경우도 있다.

역사적으로 오랫동안 여성은 남성이 누리는 권리를 누리지 못했다. 여성의 목소리는 자주, 심하게 무시당했고 남성에게는 당연했던 삶의 방식을 쟁취하기 위해 목숨을 걸기도 했다. 여성은 오랫동안 "여성도 인간인가?"를 질문해 왔고 "여성도 인간이다!"를 외쳐 왔다. 끊임없이 문제를 제기하고 자신의 생각을 표현한 선배 여성들 덕분에 우리가 이 정도라도 사람대접을 받을 수 있게 되었다. 우리는 딸들을 어떤 여성으로 키워야 하는가. 우리는 어떤 여성이 되어야 할까?

'훈'(가르침)으로서의 성별 고정 관념

김민섭 작가가 아주 흥미로운 연구 결과를 묶어 책으로 냈다.[12] 300개가 넘는 공립 고등학교의 교훈과 교가들을 살펴보면서, 학교가 개인을 성별로 나누어 어떻게 가르치고 있는지 조사한 것이다. 여자 고등학교와 남자 고등학교의 교훈과 교가에는 모두 '성실'이라는 단어가 압도적으로 많았고, 이어 '슬기'와 '협동' 순이었다. 그 외에 여고는 '순결, 정숙, 예절, 배려, 사랑, 겸손'이 많았고, 남고는 '단결, 용기, 개척, 책임, 명예, 열정' 등이 대다수였다. 각각의 단어들은 상대 성별에는 단 하나도 들어 있지 않았다. 여고의 것이 정적이고 과거 지향적이라면, 남고의 것은 역동적이고 미래 지향적이다.

교가에서 여학생은 주로 '딸'과 '꽃'으로, 남학생은 '학도'와 '건아'로 표현된다. 여학생들은 '여성, 딸, 여인, 처녀, 아가씨' 등으로 불리면서 학생이라기보다는 여성으로서의 역할을 부여받았지만, 학생들은 '학도, 건아, 젊은이, 청년' 등으로 지칭되었다. 이 단어들에는 성 역할이 담겨 있지 않다. 또한 여학생은 여러 종류의 '(향기로운) 꽃'으로 비유되는 반면, 남학생은 그에 대응하는 '(우뚝 솟은) 기둥'으로 비유되는 경우가 많았다.

이처럼 학교가 교훈을 통해 특정 단어들을 여성과 남성이 각각 지녀야 할 고유한 미덕과 가치로 제시함으로써 학생들은 여자다움/남자다움을 자연스럽게 정립하게 된다. 교훈에 쓰인 단어들은 그 자체로는 문제가 없다. 어쩌면 아름다운 단어들이기도 하다. 그러나 어느 하나의 성별에 일방적으로 쓰이면서 오염되기에 이른다. 그나마 다행인 점은 2000년대 이후에 설립된 학교들은 남고와 여고가 구분되지 않을 만큼 교훈이 비슷했다. 어떤 학교는 학부모와 졸업생들이 의견을 제시해서 시대에 뒤떨어진 성별 고정 관념이 들어간 교훈과 교가를 바꾸거나 수정한 예도 있다.

성별 고정 관념, 나아가 성차별적 내용이 교과서에 들어가는 것도 문제다. 성별을 구분하지 않아도 상관없는데, 획일적으로 성을 구분한 글과 그림이 많다. 건설 관련 직업과 도구 사용 방법을 설명할 때나 무언가를 발명하고 새로운 것을 발견한 사례를 설명할 때는 남성 이미지를 사용하는 반면, 건강한 소비 생활에 관해 설명하면서 모방 소비를 하는 주체를 표현하거나 서비스업을 설명할 때는 치마를 입은 여성 이미지를 사용한다. 아직도 가족 간 대화에서 남편은 아내에게 반말을 쓰고, 아내는 남편에게 존댓말을 쓴다.[13]

우리 교육은 아직 가르치는 주체들이 내면화한 성별/성 역할 고정 관념을 아이들에게 전수하는 예가 많다. 김민섭 작가는 "한 시대의 언어는 그 시대를 구성하는 개개인의 몸보다 뒤처져서는 안 된다. 훈은 개인보다 후행하면서 그들을 퇴보시키기보다는 선행하며 변화를 이끄는 역할을 해야 한다"라고 지적한다.[14] 우리 아이들이 학교에서 교훈, 교육 목표, 교가, 교과서를 통해 어떤 여성성/남성성을 전수받고 있는지 살펴보자. 시대에 맞지 않는 단어나 문구가 있다면 수정 혹은 폐기하도록 적극적으로 의견을 내면 좋겠다.

남자는 바깥일, 여자는 집안일?

고용노동부의 2017년 발표에 따르면, 우리나라 남성의 가사 분담 시간이 하루 45분에 불과해 경제개발협력기구(OECD) 회원국 중 최하위 수준이다.[15] 통계가 잡힌 국가들 가운데 유일하게 한 시간이 채 안 된다. OECD 평균이 138분인데 우리나라는 3분의 1 수준이다. 남성의 가사 노동 시간이 가장 많은 덴마크의 경우는 하루 평균 186분이다. 우리나라 여성의 가사 노동 시간은 남성의 다섯 배가 넘는 227분이다.

이는 남성들의 잘못만은 아니다. 우리나라는 남성들이 직장에서 너무 긴 시간 일한다. 장시간 노동자 비중이 터키, 멕시코에 이어 세 번째로 높다. 그러다 보니 맞벌이 부부의 경우 육아를 하는 데 어려움이 생길 수밖에 없다. 결국 육아와 살림이 여성에게 적합하다는 인식에, 상대적으로 월급이 적은 여성의 형편이 더해져 여성이 직장을 그만두는 결과로 이어진다. 현실이 이렇다 보니 우리나라 출산율은 현재 0.98명이다.[16]

다행히 성 역할에 대한 사람들의 인식은 많이 바뀌었다. 남편은 밖에서 돈을 벌고 아내는 집에서 가족을 돌보는, 전통적 관점에 대해 열 명 중 일곱 명은 동의하지 않는다.[17] 그렇다면 성경은 남녀의 성 역할을 어떻게 설명할까? 신학자들 사이에서도 견해가 상반되는데, 크게 '보완주의'와 '평등주의'라는 두 관점으로 나눌 수 있다.[18]

보완주의 관점은 하나님이 사랑으로 섬기는 리더의 역할을 남편에게 맡기셨다는 입장으로, 교회사 전반에 걸쳐 유지되어 왔다. "너는 남편을 원하고 남편은 너를 다스릴 것이니라"(창 3:16)와 "아내들이여 자기 남편에게 복종하기를 주께 하듯 하라. 이는 남편이 아내의 머리 됨이 그리스도께서 교회의 머리 됨과 같음이니 그가 바로 몸의 구주시니라"(엡 5:22-23) 같은 말씀이 남녀의 성 역할에 대한 성경의 가르침이라고 말한다. 이런 입장을 가진 사람들은 남녀의 뇌가 작동하는 원리도 이와 같아서 이런 역할 규정이 과학적이라고도 주장한다.

그 반면, 평등주의 관점은 부부간에 성 역할은 따로 존재하지 않고 각자의 강점과 약점에 기초해서 결혼 생활을 해 나가면 된다는 입장이다. 보완주의에서 인용하는 성경 구절에 대해서도 그들과는 해석을 달리한다. 그 구절들은 오늘날에도 적용해야 할 성경적 진리가 아니라 시대에 맞게 새롭게 규명해야 할 숙제라고 말한다.

나는 평등주의 관점이 다가오는 시대에 더 적절한 관점이라고 생각한다. 그러나 어느 쪽 관점이 옳고 그르냐를 따지는 것보다 중요한 점이 있다. 커플이, 부부가 함께 성 역할에 관해 대화할 수 있느냐다. 서로 의견이 다르더라도 동일한 하나님을 믿고 섬길 수 있다. 하지만 두 사람의 관점이 다르면 결혼 생활을 꾸려 갈 때 의견 충돌을 피하기는 힘들 것이다. 특히 아이를 키우게 되면 어떻게 역할 분담을 하는 것이 가족의 행복에 더 유익할지 대화하며 협상하는 기술이 필요하다. 살다 보면 역할이 뒤바뀔 수도 있다. 성 역할에 대한 **유연한 태도**가 가정을 꾸려 가는 데 큰 도움이 된다.

나는 오랫동안 전업주부로 살았다. 우리 부부는 남편이 바깥일로 돈을 벌어 오고 아내인 내가 집안일을 하는, 전통적인 성 역할로 가정을 꾸려 왔다. 그것이 성경적이라고 믿어서가

아이들이 성별을 가리지 않고 어려서부터 집안일과 바깥일,
노동과 작업의 균형감을 배우면서 자라야 한다.
그것이 그들의 행복을 위한 길이다.

아니라 당시 내가 이러저러한 형편상 바깥일은 생각할 수가 없었기 때문이다. 물론 가족을 돌보고 아이들을 키우는 일은 보람도 있었고 기뻤다. 하지만 그 삶이 만족스럽지는 않았다. 예상치 못했던 길이 열리면서 지금은 바깥일도 제법 많이 하게 되었다. 비정규직보다 더 불안정한 프리랜서 강사 신분이긴 해도 나는 내 일을 좋아하고 어느 정도 성취도 있다.

그런데 바깥일을 시작하면서 '일과 가정'이라는 두 마리 토끼를 다 잡아야만 하는 형국이 되어 버렸다. 가족들은 내가 집안일을 도맡아 온 것에 너무 익숙했고, 내가 집안일을 하는 것을 자주 당연시했다. 사실 남편이나 아이들과 집안일을 나누어 하는 것보다 집안일에 숙련된 내가 빨리 해치우는 게 효율적일 때도 많다. 하지만 집안일은 끊임없이 되풀이되기 때문에 내가 바깥일을 하면서 나머지 식구들 뒤치다꺼리를 하는 건 실제로 불가능했다. 혹시 가능하다 하더라도 그래서는 안 된다고 생각했다. 집안일은 인간으로서 살아가는 데 기본이기에 가족 구성원 모두 배우고 익혀야 한다는 결론에 이르렀다.

주변에 가족끼리 집안일을 잘 나누어서 하는 지혜로운 여성

후배들이 있다. 나는 그들의 본을 따랐다. 음식 재료를 사 와서 준비하고 요리하고 설거지하고, 쓰레기통을 비우고 재활용품을 나누어 정리하고 배출일에 맞추어 내놓고, 빨랫감을 모으고 세탁기에 돌리고 널고 개키고, 개인 방은 물론 거실을 정리정돈하는 등의 모든 집안일을 도표로 정리했다. 이렇게 집안일을 목록으로 정리해 놓고 보니 그 종류와 양이 어마어마했다. 우리 가족은 가족회의를 거쳐 자기 몫의 집안일을 나누고 각자 잘 감당하기로 했다. 과연 성공했을까? 아니다. 항상 잘되지는 않는다. 그래도 각자의 몫을 확인하고 감당하도록 환기시키는 일을 꾸준히 반복하고 있다.

강남순 교수는 철학자 한나 아렌트(Hannah Arendt)의 말을 인용해 사람이 하는 일을 '노동'(labor)과 '작업'(work)으로 구분한다.[19] '노동'은 인간이나 동물이 생명을 유지하는 데 반드시 필요한 중요한 일이다. 집안일은 노동이다. '작업'은 사람과 동물을 다르게 만들어 주는, 결과를 남기는 일이다. 사람은 자신만이 하는, 결과를 남기는 작업을 하고 싶어 한다. 그러나 사람은 아이든 어른이든, 남자든 여자든, 노동과 작업을 모두 할 수 있어야 더 행복하다. 우리 아이들이 성별을 가리지 않고 어려서부터 집안일과 바깥일, 노동과 작업의 균형감을 배우면서 자라야 한다. 그것이 그들의 행복을 위한 길이다. 그러려면 사회 전체적으로 경쟁이 완화되고 승자와 패자 사이의 간격이 좁아져야 한다.

젠더 감수성이란?

성별/성 역할 고정 관념은 사람들의 생각과 행동을 제약한다. 내가 어떤 사람인지 또 내가 어떤 능력을 가지고 있는지 제대로 살필 기회를 주지 않고 오직 성별만으로 그에 따른 역할을 기대하며 인생의 반경을 제한한다. 아들, 그중에서도 장남에게 집안의 모든 자원을 투자하던 시절이 있었다. 지금 부모들은 아들과 딸을 똑같이 학교와 학원에 보내고, 어느 자식에게나 옷을 사 준다. 적어도 겉으로는 아들, 딸 차별하지 않고 평등하게 키운다. 하지만 우리 머릿속에는 여자는 이러하고 남자는 저러해야 한다는 인식이 강하게 자리 잡고 있다. 서로 다르니까 다르게 대하는데 그게 무슨 문제냐고 말할 수도 있으나, 차이가 차별을 불러오니 문제다.

부모들은 차별하기로 작정하고 아이를 대하지 않는다. 나의 말 속에 성별 고정 관념이 포함되어 있지는 않은지 매번 검열하기도 힘들다. 하지만 이런 것을 놓치지 않고 살펴야 하는 이유는, 생활 속에서 별로 신경 쓰지 않고 하는 행동들이야말로

서로 다르니까 다르게 대하는데 그게 무슨 문제냐고
말할 수도 있으나, 차이가 차별을 불러오니 문제다.

아이들에게 직접적으로 영향을 끼칠 수 있기 때문이다.[20]

성별 고정 관념을 없애려면 **젠더 감수성** 혹은 **성인지 감수성**이 절실히 필요하다. 젠더 감수성은 요즘 우리 사회의 뜨거운 이슈다. 남자와 여자, 어른과 아이, 교사와 학생, 상사와 부하 직원 등 성별과 세대와 지위에 따른 젠더 감수성의 차이 때문에 곳곳에서 갈등이 벌어진다. 나 역시 나이 50이 넘은 기성세대로서 젠더 감수성이 낮은 사람이었다. 내 안에 있는 젠더 렌즈가 왜곡되어 있는 줄도 몰랐다. 이런 상태로 딸들과 대화를 나누었으니 기껏해야 꼰대질밖에 되지 않았다.

둘째 딸은 어려서부터 또래 여자아이들과는 달랐다. 분홍색 옷과 치마는 거들떠보지도 않았고 장난감을 선택하는 것도 독특했다. 한번은 큰딸과 둘째 딸에게 곰 인형을 사 줄 테니 하나씩 고르라고 했다. 첫째는 붉은색 계통의 레이스가 나풀거리는 원피스를 입은 인형을 골랐다. 둘째는 까만색 잠수복을 입은 곰돌이를 골랐다. 나는 둘째가 고른 인형이 전혀 예쁘지 않아서 다른 예쁜 인형을 고르라고 설득하고 강요했다. 결국 아이가 원하는 인형을 사 주긴 했지만 아이 장난감을 선택할 때도 내 안의 성별 고정 관념이 작동한 사건이었다.

큰딸이 고등학교 1학년 때의 일이다. 함께 길을 걷고 있는데 우리 앞에 노출이 심한 옷을 입고 걸어가는 여성이 있었다. 나는 "저렇게 입고 다니면 성폭력 당하기 쉽지"라고 낮은 목소리로 말했다. 그 말을 들은 큰딸이 정색하고 말했다. "엄마, 노출이 심한 옷을 입어도, 심지어 다 벗고 다녀도 성폭력은 가해자 잘못이야!" 그 말을 듣고 내가 얼마나 남성 중심, 가해자 중심으로 사고하고 있었는지 되돌아보게 되었다.

대학에 들어간 큰딸에게 그룹 과제를 같이 하던 남학생이 과제와 상관없는 메시지를 반복적으로 보냈다. 딸이 반응을 보이지 않자 이번에는 음성 메시지를 보냈는데, "너 어디에 사니? 우리 집에 오늘 밤에 올래?" 같은 내용이었다. 이 일을 말하는 딸에게 나는 "아유, 남자애들이 다 그렇지 뭐"라며 대수롭지 않게 넘겼다. 내 말에 딸은 무척 상처받은 표정을 지었다. 그 남학생의 말이 성희롱이고 그런 행동은 '스토킹'이자 명백한 범죄라는 사실을 나중에 알았다. 나는 이 정도로 젠더 감수성이 없었다. 다행스럽게도 딸은 공식적으로 문제를 제기했고 남학생은 교수님의 지시로 사과문을 작성했다.

우리는 외부의 자극에 반응한다. 반응 양태와 정도는 사람마다 다르다. 흔히 "감수성이 예민하다, 풍부하다"라고 표현하는데, 여기서 언급하는 감수성이란, '그간 당연하다고 여겨 온 것이 과연 당연한 것일까?' 하고 의심해 보는 능력을 일컫는다. 단순히 내 기분의 좋고 나쁨을 말하는 게 아니다. 무언가 잘못되었을 수도 있다는 문제의식이며, 당연하다고 여기는 관습이 누구에 의해 만들어졌는지 고민해 보는 태도를 말한다. 제도는 누가 만들었고 그 제도 때문에 누가 피해를 당하고 있는지 **역지사지**해 보려는 노력이다. 감수성은 나 자신의 지적·윤리적 판단조차 오류일 수 있다는 가능성을 인정하고 지속적으로 성찰하는 태도를 포함한다. 겸손해야 감수성이 성장한다.

내가 어릴 때는 '살구색'을 '살색'이라고 불렀다. 그런데 특정 색을 살색이라고 표현한 것은 인종 차별이라는 문제가 제기되었다. 국가기술표준원은 이 청원을 받아들여 2002년 살색을 '연주황'으로 바꾸었다. 그러나 2004년, 연주황이라는 이름에 문제를 제기한 사람들이 있었으니 다름 아닌 여섯 명의 아이들이었다. 연주황은 한자 표기여서 그 뜻을 쉽게 알 수 없으니 어린이들에게는 차별이자 인권 침해라는 주장이었다. 아이들은 '살구색' 또는 '복숭아색' 같은 쉬운 표현으로 바꾸어 달라고 제안했다. 마침내 그 색깔 이름은 연주황에서 '살구색'으로 바뀌었다.[21]

우리가 '살색'이나 '연주황'이라는 단어를 사용할 때, 인종과 나이로 사람을 차별하려는 의도는 없었을 것이다. 하지만 우리가 당연하게 여긴 관습, 무심코 하는 말과 행동으로 인해 누군가 차별과 배제를 당할 수도 있다. 이처럼 어떤 영역에서든 누군가 차별당하고 있지는 않은지, 배제당하는 사람은 없는지 살펴보는 것이 감수성이다. 특히 성별과 관련한 사회의 권력 관계를 인식해 보려는 태도를 '젠더 감수성'이라고 부른다. 성교육은 단순히 성 지식과 정보를 가르치는 것이 아니다. 성별이나 성 역할에 따라오는 고정 관념을 살피고, 그에 따른 불평등은 없는지, 피해를 입는 사람이 생기지는 않았는지 감지하는 능력을 키워 주는 것, 즉 젠더 감수성 함양이 성교육의 주된 목표다.

젠더 감수성이 필요해

문구점에서 파는 플라스틱 부채에 여자아이 그림과 함께 이런 글귀가 새겨져 있었다. "소고기도 타면 안 먹는데 까매진 나는 누가 데려가나." 피부색과 여성을 동시에 차별하는 문장이다. 감수성이 전혀 없는 문장이다. 여성은 누가 '데려가는' 존재가 아니다. 이런 것에 문제 제기를 하면 "웃자고 하는 농담에 죽자고 매달린다"고 비아냥대는 사람들이 있다. 그러나 누군가를

감수성은 나 자신의 지적, 윤리적 판단조차
오류일 수 있는 가능성을 인정하고 지속적으로
성찰하는 태도를 포함한다. 겸손해야 감수성이 성장한다.

차별하고 상처를 입히는 농담은 더 이상 농담이 아니다. 다 같이 웃을 수 있을 때라야 유머요, 농담이다.

지하철에는 손잡이가 달려 있다. 일정한 높이로 매달린 경우가 대부분인데, 그 손잡이의 높이는 어떻게 정해졌을까? 지하철마다 약간의 차이는 있지만 평균 175-177센티미터로, 성인 남성을 기준으로 만들어졌다. 이런 높이는 키 작은 남성과 여성, 어린이를 차별하는 결과를 낳았다. 이 손잡이 높이를 결정할 때, 결정 주체들이 차별을 양산하려는 마음을 먹었을 것 같지는 않다. 당시에는 대체로 '성인 남성' 중심이었다. 나중에 성별과 신체 조건으로 인해 차별을 겪지 않아야 한다는 문제 제기가 받아들여져 새로 만드는 지하철에는 다양한 높이의 손잡이를 설치하게 되었다. 젠더 감수성이 적용된 사례다.

예전에 고속도로 휴게소 화장실은 남자 화장실에 비해 여자 화장실 앞에서 기다리는 줄이 길었다. 여자의 화장실 사용 시간은 남자에 비해 두 배로 길고, 이용 횟수도 여자가 더 많다. 대체로 엄마들이 어린 아이들을 맡다 보니 시간은 더 오래 걸릴 수밖에 없었다. 이는 남녀 화장실을 '평등'하게 만든 결과였다. 여자와 남자의 생리 현상과 남녀의 성 역할이 어떻게 작동하는지 고려하지 않고 만들었던 것이다. 각 성별의 특징과 성 역할을 감안해서 변기 수를 설치해야 진정한 남녀 평등 화장실이라 할 수 있다. 적어도 여자 화장실의 변기 수가 남자 화장실의 두 배는 되어야 실질적 평등을 이루는 셈이다. 사회 곳곳에 '성별 영향 분석 평가'가 필요한 이유다.

한 텔레비전 프로그램에 초등학생 남자아이가 출연해서 여성 트로트 가수의 노래를 불렀다. 노래가 끝나자 나이가 많은 진행자가 "너 남자 맞느냐?"며 아이의 성기를 만지는 듯한 행동을 했다. 당사자인 아이는 당황해하며 진행자에게 "뭐하세요?"라고 물었다. 이 모든 게 편집 과정에서 걸러지지 않고 전파를 타면서 문제가 되었다. 노인 세대는 그냥 웃고 넘어갈 수 있을지 모르나, 이런 행동은 성희롱으로 처벌받을 수 있다. 이런 장면을 편집하지 않은 제작진 역시 얼마나 젠더 감수성이 없는지 보여 준 사건이다.[22]

2017년, 여섯 살 아들을 둔 영국 여성은 초등학교 읽기 교재에서 '잠자는 숲속의 공주'를 빼 달라고 요청했다.[23] 왜 이런 요청을 했을까? 젠더 감수성을 발휘하여 동화를 검토해 보자. 공주는 마녀의 마법에 걸려 잠이 들었다. 얼마나 많은 동화에서 악당을 '마녀'로 설정하는지 파악해 보는 것도 흥미롭다. (흑마가 아닌 백마를 탄) 왕자는 잠든 공주를 발견하고 공주에게 키스를 한다. 키스인지 뽀뽀인지, 키스를 이마에다 했는지 입술에 했는지는 중요하지 않다. 여기서 핵심은, 공주가 키스를 해도 좋다고 허락했느냐는 점이다. 공주는 당연히 동의할 수 없었다. 잠에 빠진 '항거 불능 상태'였기 때문이다.

동의를 구하지 않은 성적 접촉을 일반 용어로 성폭력이라고 부른다. 따라서 이 동화를 여섯 살 아들에게 읽히면 안 된다는 것이 그 여성의 주장이었다. 읽기 교재에서 빼자는 말도 일리가 있으나, 나는 이 동화를 교사나 부모가 아이와 함께 읽으면서 대화할 수 있다고 본다. 잠자던 공주가 후에 어떻게 느꼈을지, 남의 허락 없이 키스를 하는 게 왜 문제가 되는지, 타인의 몸을 만질 때 동의를 구한다는 것이 무엇을 의미하는지 대화하는 기회로 삼을 수 있기 때문이다.

우리나라 전래 동화인 '선녀와 나무꾼'은 어떤가. 보통 '은혜를 갚아라, 착한 일을 하면 복을 받는다'와 같은 교훈을 주는 동화로 읽는다. 하지만 젠더 감수성을 가지고 다시 보면 문제가 많다. 사냥꾼으로부터 자기를 숨겨 준 나무꾼에게 감사 표시로 사슴은 특급 비밀을 하나 알려 준다. 어느 계곡에 가면 매일 밤 선녀들이 목욕을 하러 내려오는데, 선녀의 날개옷 하나를 숨기면 그 선녀를 아내 삼을 수 있다는 말로, 절도와 유괴를

꼬드긴다.

목욕을 마친 후 옷을 찾지 못한 선녀만 남아 울고 있을 때, 나무꾼이 등장해 마치 선녀를 위기에서 구해 주는 것처럼 속여 집으로 데려간다. 극도로 취약한 상태였던 선녀는 목숨을 부지하고자 따라간다. 선녀에게는 선택의 여지가 없었다. 선녀는 나무꾼과 슬하에 두 아이를 두었다. 나무꾼과의 관계가 애당초 평등하지 않았으니 그와의 성관계가 즐겁고 행복했을 리 없다. 결국 선녀는 아이들만 데리고 하늘로 올라간다. '선녀와 나무꾼'은 각종 범죄와 폭력이 난무하는 동화인 셈이다.

동화를 이런 식으로 재해석했더니 중학생 아이들이 나에게 '동심 파괴자'라며 깔깔거렸다. 내가 파괴한 동심에 차별과 폭력의 합리화가 존재한다면 그런 동심은 일찍 파괴하는 게 좋다. 초등학교 4학년 아이들은 이 동화에서 가장 나쁜 행동을 한 건 사슴이라고 대답했다.[24] 나쁜 짓을 하라고 부추겼으니 제일 나쁘다는 것이다.

교회 안 젠더 감수성

내가 출석하는 교회가 속한 교단은 목사 혹은 장로 안수를 여성에게는 허용하지 않는다. 교회에서 성찬식을 할 때 떡과 포

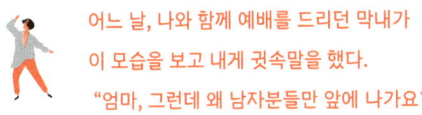

어느 날, 나와 함께 예배를 드리던 막내가
이 모습을 보고 내게 귓속말을 했다.
"엄마, 그런데 왜 남자분들만 앞에 나가요?"

도주를 나누어 주는 사람은 안수를 받은 남성 장로님들이고, 성찬식을 진행하는 목사님도 당연히 남성이다. 어느 날, 나와 함께 예배를 드리던 막내가 이 모습을 보고 내게 귓속말을 했다. "엄마, 그런데 왜 남자분들만 앞에 나가요?" 나는 너무 익숙해서 그러려니 했던 관습을 아이는 단번에 알아챈 것이다. 여성 안수에 대한 신학적 해석은 다양하다. 교단마다 입장이 다르니 자기에게 맞는 교단을 택하라고 말하는 사람도 있다. 하지만 어떤 일이 남성 또는 여성에게만 허용되는 상황을 아이들은 차별로 인식할 수 있다.

여성을 동료 사역자로 동등하게 인정해 온 기독교 단체들도 크게 다르지 않다. 선교단체들도 리더 그룹으로 갈수록 여성들이 별로 없다. 여성들이 직면하는 결혼과 출산과 육아의 고민을 잘 풀어내 본 경험이 없기 때문이다. 대체로 결혼해서 임신을 하면 '당연히' 그만두는 것이 정해진 수순이다. 남성에게는 묻지 않는 질문을 여성에게 하기도 한다. 예를 들어, 결혼은 언제 할지, 임신을 하면 어떻게 할지 등을 여성에게만 묻는다. 중요한 행사의 설교자는 대체로 중년 남성들이다. 단체 내 성 역할이 고정되어 있고, 학생들이 나누어 맡는 역할도 차별적이라는 비판이 제기되기도 한다.

한 선교단체에서 젠더 이슈를 두고 토크 콘서트를 진행했다.[25] 참가자들은 자신이 교회와 선교단체에서 겪은 성차별적 경험담을 쉴 새 없이 털어놓았다. 남자는 여자의 머리이니 형제들을 세워 줘야 한다거나, 형제를 실족하게 하면 안 된다며 자매들의 옷차림을 단속했다고도 한다. 교회도 사회와 문화의 영향을 받기 때문에 참가자들이 경험한 젠더 감수성 없는 발언들은 일반인들의 경험과 크게 다르지 않았다. 하지만 일반 사회와는 달리 그런 성차별적 발언을 성경의 권위, 교회의 권위를 내세우며 정당화한다는 게 더 큰 문제다.

이런 교회의 모습에 문제의식을 느끼고 젠더 감수성 향상을 위해 '성평등 위원회'를 만든 교회가 있다.[26] 이 교회는 본래 교회 안에서 발생한 성폭력 사건을 해결하고자 '성폭력 대책 위원회'를 구성했다. 이후 성범죄로 국한된 위원회의 활동 주제를 '성평등'으로 넓히고 이름도 성평등 위원회로 바꾸었다. 이 위원회는 '성평등 에티켓 조항'을 만들어서 교회 내 여러 부서에서 젠더 감수성 교육을 진행했다. 어떤 말이 성평등에 어긋나는지 교육하고, 어떤 말들이 성폭력 피해자에게 또 다른 가해가 되는지도 알려 주었다.

이 교회가 적극적으로 성폭력 대책 위원회, 성평등 위원회 같은 기구를 만들어서 활동하는 이유가 무엇일까? 위원회에 속한 위원들은 이렇게 말한다. 먼저, 교인들에게 경각심이 생긴다는 점이다. "어떤 사람은 교회 안에서 성범죄를 이야기하면 불편해한다. 그래도 불편하게 만들어야 한다고 생각한다. 그래야 남성이나 남성화된 여성이 상대에게 이야기를 할 때 스스로 검열하게 된다." 또 교회 안에서 성범죄가 발생하면 개인이 목소리를 내기가 쉽지 않은데, 이 위원회 덕분에 피해자가 교회는 안전한 공간이라고 생각할 수 있게 된다는 것이다.

  다음 세대가 교회를 떠난다고 많이들 걱정한다. 그런데 젊은이들이 교회를 떠나는 이유에는 젠더 이슈가 한몫하는 것도 사실이다. 교회나 선교단체는 중년의 남성 사역자들이 리더십을 쥐고 있는 경우가 많다. 나는 이들이 먼저 젠더 감수성을 계발하는 교육을 받기를 제안한다. 설교 중에 젠더 감수성이 없는 예화나 표현을 사용하지는 않는지 살펴보아야 한다. 잘 모르겠거든 10-20대 여자 청년들에게 조언을 구하는 것도 좋겠다. 물론 말 한마디, 단어 하나보다는 기본적으로 인간을, 같이 살아가는 이들을 존중하는 태도가 더 중요하다. 그럼에도 젠더 감수성 없는 발언 때문에 목회자의 선한 의도가 오해를 받는다면 얼마나 딱한 일인가.

교회나 선교단체는 중년의 남성 사역자들이 리더십을 쥐고 있는 경우가 많다. 나는 이들이 먼저 젠더 감수성을 계발하는 교육을 받기를 제안한다.

나아가 목회자나 장로, 또 전임 사역자가 되려면 성폭력 예방 교육을 의무적으로 이수하도록 해야 한다. 각종 회의나 위원회의 성비, 단체에서 주관하는 행사에서 토론이나 발제를 맡은 사람들의 성비도 살피자. 한 영혼이 천하보다 귀하다면, 한 영혼이라도 놓치지 않기 위해 이 정도 수고는 해야 하지 않을까.

젠더 감수성이 계발되면

둘째 딸은 여자 고등학교를 다녔다. 그런데 중년의 한 남자 교사가 수업에서 종종 이런 이야기를 했다고 한다. "공부 못해도 돼. 여자는 얼굴만 예쁘면 되는 거야", "너희들은 좋겠다. 시집만 잘 가면 되니까." 그는 이런 발언이 문제가 될 것을 염두에 두었는지, 자신은 곧 교단을 떠날 거라며 비아냥대듯 말했다고 한다. 내가 어렸을 때도 이런 말을 하는 교사들이 있었다. 30여 년 전의 우리 또래 대부분은 기분이 나빠도 그저 입 다물고 가만히 있었다. 하지만 이제 시대가 바뀌었다. 저런 말이 성희롱이라는 것을 몰랐던 때도 있었으나 이제는 안다. 여전히 가만히 있는 사람들이 많지만, 가만히 있지 않는 사람들이 늘었다. 둘째 딸과 친구들은 그 교사의 말에 직접 반대 의견을 표하거나 아예 무시하는 전략으로 저항을 했다.

젠더 감수성이 계발되면 이전과는 다른 세상이 펼쳐진다. 사람들이 던지는 농담 중에 성희롱성 발언을 발견한다. 생김새나 몸매를 평가하는 행동을 더는 견딜 수 없다. 텔레비전에서 남자와 여자의 몸, 심지어 아이들의 몸까지 상품화하는 장면이 많다는 점을 알게 된다. 품격 있는 존재인 인간을 누군가에게 성적 흥미를 끌고 만족을 주기 위한 대상이자 도구로 전락시키는 표현들이 눈에 띈다. 놀이와 폭력의 차이를 알게 된다. 그래서 괴로워지지만 그렇기 때문에 더 나은 세상을 바라게 된다. 서로 존중하고 배려하는 인간관계를 간절히 꿈꾸게 된다.

그런데 주제가 섹스든 젠더든 자녀들과 대화를 나누다가 한 가지 문제에 봉착할 때가 있다. 나는 딸들과 대화하면서 서로 평행선을 달리는 듯한 느낌을 받을 때가 있다. 나는 현실적 수준에서 말을 하는데 딸들은 이상적 희망사항을 이야기하는 경우다. 예를 들면, 나는 현실적으로 "밤길이 여자에게 위험하니 일찍 다녀라"라고 말한다. 어떤 부모는 통금 시간을 정해 놓고 자녀에게(특히 딸에게) 그 시간까지 귀가하라고 엄격하게 요구한다. 이에 대해 딸들은 여자에게 더 위험한 세상이 문제라고 맞선다. 누가 봐도 과하다고 느낄 법한 화장을 하고 다니는 딸이 마뜩잖아서 한마디를 하면, 아이는 자기 보기에 아름답다고, 개성이라고 주장하는 식이다.

성교육을 하면서 만난 한 교사가 고민이 있다고 해서 제법 긴 통화를 했다. 최근 여성 연예인들이 '탈코르셋'을 선언하며 '노브라' 상태로 지내는 일상을 언론에서 볼 수 있는데 그 영향인지 한 여학생이 브래지어를 착용하지 않았던 모양이다. 여름이 되고 옷이 얇아지면서 다른 학생들과 교사들이 눈을 어디에 두어야 할지 모르겠다며 난처해한다는 것이다. 상황이 이렇게 되자 여성 교사가 그 학생에게 학교에서는 속옷을 착용하라고 일렀다. 하지만 여학생은 속옷 여부까지 제약하면 학교에 다니지 않겠다고 말했다.

이처럼 곳곳에서 (주로) 현실주의자인 어른과 (주로) 이상주의자인 아이 사이에 논쟁이 벌어진다. 주한나 작가는 이런 현실에 대해 "'슈드비'(should be: 이러이러해야 한다, 이상주의자)와 '이티즈'(it is: 현실은 이렇다, 현실주의자)가 토론하면 답이 안 나온다"고 설명한다.[27] 슈드비 사람들은 자기가 조심한다고 해서 범죄를 피할 수 있는 게 아니라고 하고, 이티즈 사람들은 단번에 세상이 달라지지 않으니 조심한다고 나쁠 것은 없지 않느냐고 목소리를 높인다. 슈드비 입장에서는 이티즈 사람들이 피해자에게 책임을 떠넘

긴다고 불만을 표하고, 이티즈 입장에서는 슈드비가 현실을 외면한 채 뜬구름 잡는 소리만 한다고 혀를 찬다.

어떻게 하면 슈드비와 이티즈가 가정과 학교와 사회에서 더불어 살아갈 수 있을까? 세상이 갑자기 천국으로 변할 리 만무하고 다른 사람의 생각을 바꿀 수도 없으니, 일단 어른들부터 젠더 감수성 계발을 위해 애써 보자. 사람들을 성별, 젠더, 인종, 출신, 나이, 계급, 성적 지향 같은 것들로 판단하지 말고, 독특하고 다양한 개별적 존재로 인식하도록 노력해 보자. 아들과 함께 텔레비전을 보다가 애인을 자기 멋대로 다루는 '나쁜 남자' 캐릭터가 나오거든 "멋진 남자는 저런 행동을 하지 않아. 사랑은 저런 식으로 표현하는 게 아니야!"라고 명확히 말해 주자. 짧은 치마를 입고 늦게 다니면 성폭행을 당할 수 있다고 겁을 줄 게 아니라 딸도 편안하게 밤길을 다닐 수 있는 토양을 만드는 데 일조하는 어른이 되자.

아이돌 그룹 f(x)(에프엑스) 멤버 '엠버'는 얼핏 보아도 여느 여성 아이돌과 꾸밈새가 다르다. 옷이나 헤어스타일이 흔히 말하는 일반적 여성성과는 거리가 멀다. 이런 엠버를 향해 많은 사람이 "너는 도대체 언제 여자처럼 하고 다닐 거냐?"고 비아냥거렸다. 그런 사람들을 향해 엠버는 말했다. "저는 여자예요. 여자는 원하는 스타일로 사는 거예요. 이런 거 조금 그만합시다."[28]

남자든 여자든, 원하는 스타일대로 살 수 있다. 남자아이든 여자아이든 외모 평가는 피하고, 잘 먹고 잘 쉬고 운동하면서 자신의 매력을 찾아가도록 도와주자. 지금처럼 외모에 신경 쓰는 문화에서는 더욱더 "네 모습 그대로 좋다"고, "비교하지 말라"고 지속적으로 북돋워 주는 메시지가 절실하다. 같은 내용을 이야기하는데도 아들과 딸에게 다른 표현을 쓰지는 않는지 살피자. 예를 들어 아들에게는 "열정 있어서 좋다"라고 얘기하지만 딸에게는 "욕심이 많다"고 말하지 않도록 주의하자. 남자에게는 "카리스마 있다"고 칭찬하는 행동에 대해, 여자에게는 "너무 세다"라는 부정적 평가를 내리지는 않는지 돌아보자. 직업에 관심을 갖게 되는 시기가 오거든 아이가 좋아하고 잘하는 일이 무엇인지, 그 일을 하려면 어떤 능력이 필요한지 정보를 알려 주자. 성별 구분 없이 아이가 하고 싶은 일을 꿈꾸고 주도적으로 홀로 설 수 있게 도와준다면 진짜 멋지지 않겠는가! 더 나아가 부부가 서로를 아끼고 사랑하는 모습을 보여 주는 시청각 교육이 동반되면 그보다 더 좋을 수는 없을 것이다.

남자, 여자를 떠나 인간에게는 인간으로서 살아가면서 갖추어야 할 자질인 품성(character)이 있다. 합리성, 독립성, 공감, 살림, 돌봄, 소통, 배려 같은 것들이다. 독립적이면서도 공감 능력이 뛰어난 사람은 어둠 속의 한 줄기 빛 같아서 주위 사람들에

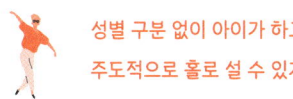
성별 구분 없이 아이가 하고 싶은 일을 꿈꾸고
주도적으로 홀로 설 수 있게 도와준다면 진짜 멋지지 않겠는가!

게 긍정적인 영향을 끼친다. 자기 앞가림을 할 줄 알고 다른 사람을 잘 돌본다면 어떤 상황에 처하든 사람들을 이끌 수 있다. 상명하복의 리더십보다는 소통할 줄 아는 사람이야말로 직업 세계에서 성공할 확률이 높다. 우리 아이들이 이렇게 자라기를 부모들은 바란다.

성령의 열매는 사랑과 희락과 화평과 오래 참음과 자비와 양선과 충성과 온유와 절제다(갈 5:22-23). 모든 그리스도인은 여자든 남자든 이런 품성과 성령의 열매를 추구하며 산다. 성별 고정 관념 때문에 어떤 품성을 키울 기회를 얻지 못한다면 그것은 손해다. **온전한 인간**이란 성령의 열매를 골고루 맺어서 필요와 상황에 따라 적절하게 발휘할 수 있는 사람이 아닐까. 예수님은 우리에게, 남자든 여자든 "하늘에 계신 너희 아버지의 온전하심과 같이 너희도 온전하라"(마 5:48)고 말씀하신다.

핵심 메시지

1. 여성다움과 남성다움은 사회문화적 산물이다. 과거의 남성성/여성성과 현재의 그것이 다를 수 있다.

2. 여자는 이래야 하고 남자는 저래야 한다는 틀이 때로 나다운 삶을 방해한다. 젠더 고정 관념이 아니라 개인의 특성과 장점을 북돋우는 교육이 필요하다.

3. 성에 대한 감수성(젠더/성인지 감수성)을 키우는 것은 시대적 과제다. 감수성의 차이 때문에 세대와 성별로 나뉘어 많은 갈등이 발생한다.

함께 생각해 볼 질문

1. 자라면서 성역할 고정 관념 때문에 힘들었던 적이 있는가?

2. 나다운 것은 어떤 모습이라고 생각하는가?

3. 당신이 생활하는 공간(집, 직장, 교회 등)에서 보고 겪은 젠더 감수성 없는 사례들을 들고, 그것을 어떻게 바꾸면 좋을지 나누어 보자.

5장. 차이, 차별, 폭력

> 나는 목소리를 낼 수 없는 이들을 위해 목소리를 낸다.
> 평화롭게 살 권리, 존엄하게 대우받을 권리, 평등한 기회를 얻을 권리,
> 교육받을 권리를 위해 나의 목소리를 낸다.
> **말랄라 유사프자이(Malala Yousafzai) 인권운동가, 노벨평화상 수상자**

한 사회학자는 '데이트'를 이렇게 정의한다. "굉장히 다른 기대를 갖도록 사회화된 두 사람을 은밀한 영역에서 애매한 상황에 처하게 하는 것."[1] 굉장히 다른 기대를 받으면서 자란 두 사람이 만나서 연애를 하고 결혼까지 한다. 상대방을 향한 호감이 싹을 틔우고 로맨스로 자라 가는 시기에는 나도 사람이고 너도 사람이고, 같은 땅에서 비슷한 시기에 자랐으니 내 마음이 네게도 가닿을 거라 예상한다. 이심전심이 통할 거라고 믿는다. 하지만 시간이 지나면서 의심이 스멀스멀 올라온다. '우리는 왜 이렇게 다를까? 과연 맞춰 갈 수 있을까?'

게다가 애정 관계는 두 사람만의 은밀한 영역이 많다. 그렇다 보니 '다른 커플들도 다 이럴까?'라고 의심하며 애매한 상황이 생기면 우왕좌왕하기 일쑤다. 갈등을 극복하는 방법에 대

한 제3자의 조언은 차고도 넘치지만, 그럼에도 다름을 넘어서지 못하고 관계를 정리하는 경우도 왕왕 생긴다.

앞에서 우리는 타고난 성과 만들어지는 성에 대해 살펴보았다. 남자와 여자, 여자와 남자의 차이는 어디에서 비롯할까? 남자와 여자가 생물학적으로 다르니까 차이, 나아가 어느 정도의 차별은 당연할까? 혹시 여자와 남자라는 틀에 갇혀 누구도 원치 않는 애매한 상황이 발생하는 것은 아닐까?

남녀 차이, 있을까 없을까?

남녀는 '당연히' 다르니 그 차이를 어떻게 좁혀야 할까? 과거의 나는 이렇게만 생각하며 살았다. 『화성에서 온 남자 금성에서 온 여자』(동녘라이프)에서 말하는 이론이 내 세계에서는 진리였다. 그런데 실제 요즘은 남자와 여자의 차이에 대한 여러 연구와 주장이 있고 이는 크게 두 입장으로 나뉜다.[2]

첫 번째는 '본질주의'다. 이들은 사람을 남자나 여자로 만드는 식별 가능한 본질이 있다고 믿는다. 굳이 생물학에 기반을 두지 않더라도 하나님이 그렇게 창조하셨기 때문에 세상에는 남자나 여자로 불리는 사람들이 있다. 또 아무리 시대가 바뀌어도 변치 않는 남성/여성의 본질이 있고, 시대를 초월해서 따라야 하는 남성성/여성성이 있다.

두 번째는 '구성주의'다. 이들은 남녀의 차이는 사회에 의해 만들어진 것으로 시대에 따라 변해 왔고 미래에도 변할 수 있다고 본다. 남녀에 대한 과학적 연구가 상당히 진전했다는 점을 부인하지는 않으면서도 남녀 차이를 사회적 구성물로서 연구한다. 구성주의는 본질주의가 말하는 '본질적 차이'를 정치적으로 이용해 온 역사를 비판한다.

양쪽 입장 모두 다른 쪽을 날카롭게 비판한다. 이쪽의 연구 결과를 저쪽이 조목조목 반박한다. 양쪽 입장을 살펴보면서 남녀의 차이가 존재한다면 어떤 부분인지, 그 근거가 타당한지, 차이가 차별의 근거가 되지 않게 하려면 어떻게 해야 하는지 생각해 보자.

본질주의적 관점에서

남자와 여자는 분명히 다르다. 이렇게 주장하는 근거는 생물학, 의학 같은 과학이다. 성기의 모양뿐 아니라 염색체, 성호르몬, 뇌 구조 같은 생물학적 차이 때문에 남자와 여자는 같은 사안에 대해서도 서로 다르게 인식한다. 같은 문제에 서로 다른 가치를 부여하면서 세상을 다른 방식으로 본다.

과학의 이름으로 남녀는 다르다고 주장하는 『브레인 섹스』라는 책이 있다. 생물학과 유전학을 전공한 두 저자는 이렇게 말한다. "남녀는 서로 다르다. 남녀가 어떤 사회에서 성장하는가도 영향을 미치지만, 이것은 본질상 남녀의 타고난 차이를 더 강화시키는 데 지나지 않는다. 이러한 차이는 화학 작용을 통해 우리에게 각인된다."[3]

또 다른 전문가도 본질주의적 입장에 의견을 보탠다. "남녀의 뇌 차이는 다양한 부위에서 나타난다. 여성은 언어 및 청각과 관련된 뇌 부위의 신경세포가 남성보다 10퍼센트 더 많다. 그래서 여성은 남성보다 언어 능력이 뛰어나고 말을 더 잘 한다. 또 여성은 대뇌변연계의 한 부위인 '해마'의 크기가 남성에 비해 상대적으로 더 크다. 해마는 특히 기억과 학습, 정서와 관련이 있다. 그래서 여성들은 감정을 감지하고 표현하는 능력이나 기억력이 남성에 비해 더 뛰어나다.…반면에 변연계의 끝에 붙은 편도핵은 남성이 여성보다 더 크다.…그렇다면 이런 남녀의 뇌 차이는 어떻게 생긴 것일까? 이는 남녀의 기본적인 유전자의 차이에다 엄마의 배 속에서 겪는 남녀의 성호르몬 영향 때문이다."[4]

뇌의 부위별 차이보다는 좌뇌와 우뇌를 연결하는 뇌량에 남녀 차이가 난다는 주장도 있고,[5] 최근에는 남녀의 뇌는 전두엽

과 후두엽 등 먼 영역 간의 연결성에 차이가 있다는 연구 결과도 나왔다.[6]

2008년 EBS에서 방영된 〈아이의 사생활〉이라는 다큐멘터리가 많은 부모에게 공감을 불러일으켰다. 아이의 뇌 발달 단계를 설명하면서 아들과 딸이 왜 다른지, 어떤 식으로 다른지 이유와 양상을 보여 주었다. 남자가 이렇고 여자가 저런 것은 남녀의 뇌가 차이가 나서라고 했다. 남성들이 동시에 여러 일을 못하는 이유는 게으르거나 하기 싫어서가 아니라 뇌가 그렇게 생겼기 때문이라는 것이다. 그러니 아들과 딸을 다른 방식으로 양육해야 한다고 조언하면서, 획일적인 교육 환경 속에서 성별의 특성을 살리는 양육법은 무엇인지 소개했다. 성별마다 17퍼센트라는 비교적 높은 비율의 예외가 존재한다는 사실에도 불구하고, 흥미로운 실험과 결과들을 많이 소개해서 매우 '과학적'으로 보였다.

연애 관련 텔레비전 프로그램들에서 '연애 멘토'들은 남녀가 얼마나 다른지 구구절절 강조한다. "남성은 문제에 대한 해결책을 제시하고 여성은 문제를 이야기하는 과정을 중시한다", "남성은 정보를 나누지만 여성은 정서를 나눈다, 남성과 여성의 대화는 애당초 다른 산을 향해 간다", "남성은 이야기의 논리를 중요하게 생각하지만 여성은 공감을 원하면서 뜬금없이

남자와 여자라는 이분법을 뛰어넘어
사람은 모두 다르다. 그런데도 사람의 다양성을
오로지 성차로만 해석하는 것은 편협하다.

말하기도 한다" 등등. 그러니 서로 자기가 원하는 대화 방식을 상대방에게 가르치라고 조언한다.

본질주의의 관점에서 이런 설명을 들으면 절로 고개가 끄덕여진다. 남편이 이해하기 어려운 행동을 하는 이유는 여자인 나와 그저 다르기 때문이다. 남자라서 어쩔 수 없는 것이다. 그러니 차이를 완벽히 제거하긴 힘들고 간극을 줄이는 노력을 하면 될 것 같다.

하지만 본질주의적 관점에는 큰 허점이 있다. 1887년, 진화생물학자이자 생리학자인 조지 로매니스(George Romanes)는 남자보다 여자의 뇌 무게가 평균적으로 약 140그램 적기 때문에 여자의 지적 능력이 열등한 것이 확실하다고 말했다.[7] 게다가 그는 일반 여자의 체격이 남자보다 튼튼하지 않아서 심각하거나 오래 지속해야 하는 뇌 활동을 견디기 힘들 것이라고도 했다. 그러니 여자는 고도의 지적인 작업을 하기에는 부적합하다는 것이다. 지금의 과학 지식과 관점에서 보자면 말이 안 되는 주장이지만, 생물학적 차이를 강조하면서 차별을 정당화하는 오류는 지금도 여전히 존재한다. 한 예로, 최근에 여자는 남자에

비해 체력적으로 달리니까 여자 경찰(소방관, 군인)은 뽑지 말라는 청원이 올라오기도 했다.[8]

그런데 본질주의적 관점처럼 남녀'만' 이렇게 다른 걸까? 우리 집에는 나와 딸 셋, 네 명의 여자가 살고 있다. 몸의 일부가 비슷한 점을 빼고는 네 명이 기질이나 성격 등이 달라도 너무 다르다. 남자와 여자라는 이분법을 뛰어넘어 사람은 모두 다르다. 그런데도 사람의 다양성을 오로지 성차로만 해석하는 것은 편협하다.

구성주의적 관점에서

『브레인 섹스』처럼 남녀 간에는 본질적 차이가 존재한다는 주장을 "신경 과학이라는 화려한 옷을 입고 가장한 성차별주의"라고 비판하는 학자가 있다.[9] 실험심리학을 전공하고 심리학자 겸 작가로 활동하는 코델리아 파인(Cordelia Fine)이다. 그는 『젠더, 만들어진 성』,『테스토스테론 렉스』 같은 책들을 통해 본질주의적 관점을 비판한다. 자궁에서부터 염색체와 호르몬의 영향을 받아 생식기에 남녀 차이가 있다는 점을 부인하는 것은 아니다. 호르몬이 뇌에 영향을 미치는 것까지는 맞지만, 뇌에서 바로 행동으로 이어진다는 것은 비약이라고 주장한다.

또한 그는 남자와 여자는 본질적으로 다르며 그 원인이 남성 호르몬의 대표격인 테스토스테론에 있다고 보는 관점을 비판한다. 이런 관점을 그는 '테스토스테론 렉스'라고 부른다(이 단어는 지금은 멸종했지만 육식 동물의 최강자로 꼽히는 '티라노사우루스 렉스'를 떠올리게 한다). 남녀 사이에 이렇게 근본 차이가 있으니 남자는 남자답게 여자는 여자답게 내버려 두자는 것이 테스토스테론을 절대화하는 사람들의 주요 주장이라고 설명한다. 하지만 본질주의자들의 이론을 보면 어떻게 남자와 여자가 생물학적으로 다른데도 자주 비슷한 행동을 하는지, 혹은 같은 여자끼리도 왜 행동에 차이가 나는지 의문이 생길 수밖에 없다.

아들을 키우는 엄마들이 종종 양육의 어려움을 토로한다. 주 양육자가 엄마인 경우 아들을 키우기가 쉽지 않다는 것이다. 실제로 '아들 양육법'을 배우려는 엄마들이 많고 여기에 특화된 교육자들도 있다. 아들을 키우는 여성학 연구자인 김서화 작가는, "남자아이들이 비행을 저지를 확률이 여자아이들에 비해 다섯 배 이상 높다. 학교 폭력의 60퍼센트 이상이 남학생들 사이에서 발생한다. 교사나 부모에게 저항하고 대드는 아이들의 대다수는 남자아이들이다' 등의 뉴스를 접할 때마다 아들 가진 엄마들은 겁을 먹는다"라고 말한다.[10]

하지만 여자 양육자와 남자아이의 관계에서 발생하는 어려움을 성별의 차이 문제로만 볼 수 있을지는 의문이다. 여자 양육자인 나는 딸을 키우면서도 어려움을 겪는다. 남자인 남편이 오히려 딸들과 훨씬 잘 소통한다. 아들의 폭력적 행동이 문제라면, 그의 성별이 남자라서 그렇다기보다는 "남자는 힘이 세야 한다. 잘 싸워야 진짜 남자다"와 같은 성별 고정 관념에 반복적으로 노출되어 반응한 탓일 수 있다. 예방의학 전문의 김명희는 "테스토스테론 때문에 공격성과 폭력이 나타나는 것이 아니라, 사회적 학습과 사회적 맥락이 중요하다"고 이야기한다.[11] 그는 "적절한 상황에서 테스토스테론은 공격성이 아니라 사회성을 높이는 데 기여한다"고 덧붙인다.

섹스에서 나타나는 젠더의 영향

인간의 행동은 호르몬, 학습과 환경, 여전히 미지의 영역인 뇌가 복잡하게 상호 작용을 일으킨 결과다. 섹스와 젠더, 섹슈얼리티, 남녀의 차이, 이에 대한 본질주의적 관점과 구성주의적 관점은 인간을 이해하는 데 도움을 준다. 남자와 여자 사이에 차이가 존재한다면 그것은 아무 문제가 되지 않는다. 오히려 차이가 있어서 세상이 더 아름답다. 이를 차별을 정당화하는 데 끌어들이지 않는 한 말이다. 그렇다면 이러한 차이는 남녀의 성적 행동에 어떤 영향을 미칠까? 특히 젠더와 섹스는 상관관계가 있을까?

2010년과 2013년에 '청소년 성 문화'를 조사한 내용을 보자.[12] 성관계를 해 보았다고 답한 남녀 청소년들에게 "성관계를 왜 했느냐?"고 물었더니 성별 간 차이가 뚜렷했다. 남자 청소년들은 '호기심'이라는 대답이 가장 많았다. 그 외에 '사랑을 확인하고 싶어서', '충동을 억제하기 힘들어서', '성욕 해소를 위해서'라고 답했다. 그 반면, 여자 청소년들은 '사랑을 확인하기 위해서'가 가장 많았고, '거절하기 힘들어서', '상대방이 원해서' 등이 뒤를 이었다. 여기서 주목할 부분은 여자 청소년 세 명 중 한 명은 '거절하기 힘들어서'라고 대답했다는 점이다.

2014년 한국교회탐구센터는 신앙생활을 하는 미혼 청년들을 대상으로 이성교제, 성, 스킨십에 관해 조사했다.[13] 그들에게도 성관계를 한 이유를 물어보았다. 앞에서 본 청소년 대상 조사와는 달리 '사랑을 확인하거나 확신을 주기 위해서' 성관계를 가졌다고 말한 청년이 가장 많았다. 그런데 그다음 이유로 남성들은 '성적 충동, 욕구를 해소하기 위해서'라고 답했고, 여성들은 '상대방이 원해서' 성관계를 했다고 답했다. 이런 조사 결과를 보면 의문이 생긴다. 남자는 생물학적으로 충동을 억제하지 못하나? 남자의 성적 호기심은 반드시 성관계 경험으로 이런 식으로 일찍부터 남녀에 따라 차별화된 성교육을 받게 되면 성인이 되어서 스킨십이나 섹스에 부정적 영향을 줄 수 있다.

해소되어야 할까? 여자는 왜 남자의 요구를 거절하지 못해서 성관계를 했다고 대답할까? 여자는 왜 상대방이 원하면 그가 원하는 것을 들어주어야 한다고 생각할까?

지금은 덜하지만, 예전에는 남자아이 돌 사진을 찍을 때 성기를 노출하는 경우가 많았다. 여자아이의 경우에는 팬티라도 보일까 속바지까지 입히고 꽁꽁 싸매면서 말이다. 남자아이는 성기를 만지며 놀아도 비교적 허용되지만 여자아이는 강하게 단속한다. 남자 청소년들은 친구나 가족, 다수의 제3자들로부터 동물적 본능에 충실해도 괜찮다는 분위기를 접하는 반면, 여자 청소년들은 늘 스스로를 잘 단속하도록 요구받는다. 이런 식으로 일찍부터 남녀에 따라 차별화된 성교육을 받게 되면 성인이 되어서 스킨십이나 섹스에 부정적 영향을 줄 수 있다.

4장에서 살펴본 대로 여자아이들은 어려서부터 조신하고 정숙하기를, 착하고 순종적이기를 요구받거나 혹은 그런 기대를 받으며 자란다. 말 잘 듣고 착한 아이로 행동하도록 사회화된다. 또 자라면서 인간관계를 유지하고 돌보는 역할을 많이 맡는다. 그러니 싫어도 싫다는 의견을 말하기가 쉽지 않다. 자기 주장을 하는 순간 '드세다'는 비판이 따라붙고 여자답지 못하다는 언어적·비언어적 피드백을 받는다.

그렇다 보니 여자는 좋아하는 남자에게 '발견되기'를 바라거나, 헤어질 마음이 없는 한 관계가 깨질 것을 우려해서 싫다는 의사 표현을 정확히 못하기도 한다. 남자는 달아오르면 멈추는 게 불가능하니 여자가 브레이크를 쥐라는 이야기도 들린다(이 부분은 2장에서도 언급했다). 이렇게 남자와 여자에 대한 젠더 차이는 남자가 어느 정도의 성적 강요를 하더라도 여자가 관대하게 넘어가도록 만드는 구실이 된다. 사실상 성폭력인데도 커플 사이에 있을 법한 성적 해프닝으로 치부된다. 어느 여자 청년이 이런 질문을 했다. "전에 사귀던 남자친구가 '너를 만나면 내 몸의 어느 부위가 변화를 일으켜. 네가 이걸 해결해 줘야 해'라는 말을 했어요. 남자들의 이런 성적 욕구는 꼭 채워져야 하는 건가요?" 이 청년의 말마따나 남자의 성적 호기심과 욕구는 꼭 채워져야 하는 본능일까?

남자가 성적 욕구를 주장하고 심지어 강요하는 현상에 대해, 산부인과 전문의 최안나는 부모가 딸과 아들을 양육하는 방식에서부터 문제가 시작된다고 말한다.[14] 소변이 마렵다고 하면 부모가 여자아이더러는 참으라고 하고 화장실로 데려가는 반면, 남자아이는 종이컵 등을 이용하여 아무 데서나 소변을 보게 한다. 주변에 사람들이 있든 없든 별로 신경 쓰지 않는다. 그는 남자의 요도 길이가 여자보다 길기 때문에 소변을 더 잘 참을 수 있음에도 남자아이의 욕구를 언제 어디서든 채워 주었던 것이 잘못된 성 의식을 형성하도록 만들지 않았는지 생각해 볼 지점이라고 짚는다.

우리나라보다 훨씬 개방적이고 평등할 것 같은 미국에서도 같은 양상을 보인다. 미국의 저널리스트이자 섹슈얼리티 전문가 페기 오렌스타인(Peggy Orenstein)은 말한다. "사회의 다른 영역에서는 남녀 역할이 활발히 변화하고 있음에도 불구하고 성적인 영역에서만큼은 여전히 남성이 먼저 접촉을 시도하는 것이 바람직하다고 여겨진다. 남자아이들의 성욕은 자연스러운 것이고, 이들의 쾌락은 당연한 것으로 간주된다. 남자아이들은 성적으로 자신감이 넘치고 확신에 차고 많은 것을 알고 있어야 한다는 인식이 보편적이다."[15]

또한 여학생들에 대해서도 말했다. "여학생들은 직접적인 거절이 남학생에게 상처를 주게 될까 봐 걱정한다. 거절하는 것에 죄책감과 불편함을 느꼈다. 여학생들은 예외 없이 상냥하고 예의 바르며 타인의 감정을 배려하고 그에 공감하는 것을 이상형으로 삼고 있다. 물론 훌륭한 일이고 좋은 품성이다. 하지만 이런 생각이 너무나 뿌리 깊게 박혀 있기 때문에 많은 여성이

'말을 하지 않아도 알 것이다'라는 낭만적 상상은 도움이 되지 않는다. 먼저 내 감정을 잘 파악해야 하고, 상대방에게 정확히 말할 줄 알아야 한다.

위험한 상황에서도 그런 식으로 행동해야 한다고 생각한다."[16]

차이가 폭력으로 이어지지 않으려면

앞서 청소년 대상 조사에서, 열 명 중 세 명의 여자 청소년이 '거절하기 힘들어서' 성관계를 했다고 대답했다. 성관계를 거절하는 것을 남자들은 어떻게 받아들일까? 심리학자 양동옥이 이를 알아보기 위해 남자 대학생을 대상으로 조사한 결과, "여성의 거절에도 불구하고 어떤 이유든 성관계를 설득하겠다"라는 문항에 "그렇다"라고 표시한 남성의 비율이 78퍼센트였다![17] 남학생들은 여학생들의 "안 돼"를 '내숭'이라고 판단하고 "돼"로 자의적으로 해석해서, '동의'나 '합의'가 아닌 상태로 성관계를 맺는 경우가 많다고 양동옥은 지적한다.

왜 78퍼센트나 되는 남성들은 여성이 거절하는데도 성관계를 하도록 설득하겠다고 대답했을까? 이 연구 결과는 우리 사회 성교육 현실을 돌아보게 하는 동시에 앞으로 아이들을 어떻게 키울 것인가 하는 질문을 던진다.

3장에서 나는 스킨십에 대한 두 기준(대화와 책임)을 제안했다. 사랑이 폭력으로 변질하지 않으려면, 두 사람이 하는 사랑이 어떤 모습인지 자주 그리고 솔직하게 대화할 수 있어야 한다. '말을 하지 않아도 알 것이다'라는 낭만적 상상은 도움이 되지 않는다. 먼저 내 감정을 잘 파악해야 하고, 상대방에게 정확히 말할 줄 알아야 한다. 짐작에서 오해와 상처가 비롯되기 때문이다. 자존감이 낮은 사람은 말을 하지 않아도 상대방이 다 알아주기를 바라는, 말도 안 되는 기대를 한다. 그런 분은 주님밖에 없다. 내면에 힘이 없으면 상대방을 떠보려는 의도로 겉과 속이 다른 언어를 사용하기도 한다. 이런 식의 의사소통은 상대를 금세 지치게 만든다.

만약 상대방이 요구하는 스킨십을 지금은 하고 싶지 않거든 되도록 빨리 정확하게 말하는 것이 좋다. 누구든 "싫어"라고 말할 권리가 있다. 10년 전쯤 만들어진 드라마들을 다시 보면 강제적 스킨십을 사랑하는 남녀의 애정 표현으로 그려 낸 경우가 많다.[18] 저항하는 여성을 남성이 완력이나 목소리나 태도 등으로 제압하는 장면들이 종종 등장한다. 처음에는 싫다고 하던 여성들이 이내 저항하기를 멈추고 고분고분해진다. 이런 모습을 로맨스로 그리면서 감미로운 배경 음악이 흘러나온다. 당시에는 카리스마 있다고 칭송받았던 행동들이 지금 보면 무척 폭력적이다. 이런 대중 매체의 메시지를 아이들이 보고 배우고 실전에서 따라 하기도 하는 것이다.

여자와 남자는 제대로 말하고 잘 들어야 한다. 상대방의 거절은 거절이다. 계속해서 설득하려 들거나 "왜 하기 싫은데?"라고 캐물어서는 안 된다. 누구에게도 스킨십을 강요해서는 안 되기 때문이다. 나는 사랑하는 상대를 위해 존재하는 사람이 아니다. 상대도 마찬가지다. 연인 관계를 유지하기 위해 또는 섹스를 계속하기 위해 자신을 억누르고 전적으로 상대에게 맞출 필요는 없다. 그렇게 해서 유지되는 관계는 어느 때인가 그 얕은 깊이를 드러내고야 말 것이다.

사랑은 배워야 하는 감정이고 서로 좋아하는 지점을 꾸준히 찾아가는 능력이다. 타협하고 협상해서 두 사람에게 가장 좋은 대안을 찾는 과정이다. 이것이 연애와 결혼 생활의 대부분을 차지한다. 자녀가 아름다운 사랑을 배우길 바란다면 내적 욕구와 감정을 인식하는 연습을 시키자. 원하는 바를 건강하게 표현하는 방법을 가르치고, 행위에 대한 거절을 존재에 대한 거부와 구별할 줄 아는 건강한 자존감을 키워 주자.

동의의 의미

"스킨십을 할 때는 먼저 물어보고 동의를 구하라." 이게 말은 쉬운데 현실 상황에서는 참 어렵다. 성적 행동에 있어 어디까지가 강제나 강요인지 혹은 동의인지 구별하기 쉽지 않다. 사회 전반적으로 젠더 감수성이 향상되면서 예전보다는 나아지고 있지만 과거의 습성이 말끔하게 청산되지는 않은 것 같다. 나를 얼마나 사랑하면 상대가 이토록 집착하겠느냐며 데이트 폭력 상황에 자신을 내버려 두는 피해자도 있고, 성폭력을 저지르고도 상대방이 동의했다고 주장하는 가해자도 있다.

사랑과 폭력을 구분하기 어려운 주된 요인 중 하나는 가해자가 피해자의 지인인 경우가 많아서다. 아는 사람에 의해 성폭력을 당한 경우가 60퍼센트에 달한다.[19] 미국의 경우, 강간 사건의 가해자 70-80퍼센트는 피해자가 아는 사람이고, 낯선 사람보다 아는 사람에게 피해를 당할 확률이 네 배나 된다는 결과도 있다.[20] 아는 사람과 최대한 좋은 관계를 유지하는 것을 능력이요 사회생활의 기본으로 여기는 문화 속에서, 자기 주장을 강하게 표현하고 거절하는 일은 말처럼 쉽지 않다.

2017년 말, 상사가 신입 사원을 성폭행한 사건이 발생했다. 이 사건은 수많은 기사로 공론화되었고 기사에는 엄청나게 많은 댓글이 달렸다. 그런데 신입 사원이 상사와 술을 먹고 제 발로 호텔에 따라 들어갔다고 보도되면서, 이것이 왜 성폭행이냐며 피해자가 '꽃뱀'이라는 비난이 들끓었다. 이 사건은 상사라는 위계를 이용한 일종의 '갑질' 사건인데도 많은 사람이 피해자를 욕했다. 일반적으로 사람들은 '갑질'에 분노하지만, 성범죄의 경우에는 피해자를 비난한다. 실제로 중학생에게 성교육을 할 때, 한 남학생이 "여자들은 같이 호텔에 가 놓고서 왜 나중에 성폭행을 당했다고 말하느냐?"고 내게 따지듯이 물었다. 그 학생이 그 같은 경험을 하지는 않았을 텐데 왜 화가 난 것인지 의아했다. 그렇다면 과연 '동의'란 무엇일까?

한국성폭력상담소는 이렇게 설명한다. 함께 늦게까지 술을 먹다가 모텔이나 호텔에 갔다고 가정해 보자. 이럴 때 가해자는 대부분 '제 발로' 걸어 들어간 것 자체가 '동의'라고 주장하지만, 이런 경우라도 피해자가 강제로 하는 성적 행동까지 용납한 것은 아니다. 성폭력 피해를 예상했다면 그 자리를 피했을 가능성이 높다. 설령 상대를 어느 정도 좋아하는 마음이 있더라도 강제로 원치 않는 행위를 당할 이유는 없다. 오히려 가해자는 피해자의 믿음을 이용했다. 피해자는 그 지점에서 배신감을 느끼고, 자기가 가해자를 의심하지 않은 것에 대해 자책하게 된다.[21]

나는 내 딸들이 회사 동료와 밤늦게까지 술을 먹더라도 제 발로 호텔에 가는 일은 없었으면 좋겠다. 4장에서 말했듯이 나는 '이티즈', 현실주의자여서 그런 행동이 위험하다고 생각한다. 하지만 만약 내 아이가 그렇게 했더라도 그게 자발적으로 성관계에 동의했다는 의미는 아니다. 술을 먹고 호텔까지 갔다고 해서 그게 성폭력을 당할 이유는 될 수 없다. 현명하게 행동하지 않은 게 범죄를 당해도 되는 이유는 아니다. 범죄는 가해자가 범행을 저지르기 때문에 발생한다.

현재 우리나라 형법은 폭행이나 협박이 있어야 성폭행 사건이 범죄로 인정받는다. 강간죄의 범위를 최대한 좁게 해석하는 것이다. 폭행이나 협박이 있었더라도 피해자가 저항하기 불가능하거나 매우 곤란할 정도였음을 입증해야 가해자가 처벌을 받는다. 다른 국가들이 가해자의 행위와 피해자의 동의 여부를 기준으로 삼는 것과는 대조적이다.

예전에는 '정조'를 들이대며 피해자가 '피해자다워야' 보호한다는 기준도 있었다. 이 기준에서 '진정한' 피해자가 되려면, 짧은 치마를 입고 밤길에 다니지 말아야 하고, 성범죄 상황에 직면하면 목숨을 내놓고 저항해야 한다. 성범죄를 당한 후에는 일상생활을 하지 못할 정도로 처참한 상태가 되어야 한다. 이런 틀에 들어오지 않는 피해자는 피해를 당한 것이 아니라 동의해서 같이 즐긴 것이 되어 버린다.

간혹 성폭행 피해자가 보이는 모습 때문에 그가 동의한 것으로 오해하기도 한다. 피해 현장에서 피해자가 보이는 이상한 행동을 여성학자 정희진은 동물을 예로 들어 설명한다. "'정상적인' 행동은 잡힐지라도 도망가는 겁니다. 그러나 극도의 공포심 때문에 몸이 얼어 엉뚱한 짓을 해요. 주둥이로 맨땅을 쫀다든가, 먼 곳을 쳐다보죠. 사람을 포함하여 동물들의 가장 큰 공포는, 산 채로 잡아먹히는 것과 생매장당하는 것인데, 맹수 앞의 작은 새도 그런 공포에 놓이게 된 거죠. 너무 두렵기 때문에 직면하지 못하고 딴짓을 하는 겁니다."[22]

동물들이 극한의 위협에 노출되면 '긴장성 부동화'라는 생물학적 반응이 나타난다. 가정 폭력이나 성폭력을 당한 여성도 피해 현장에서 위험에 처한 동물처럼 엉뚱한 행동을 하는 경우가 많다. 이는 그 상황이 아무렇지도 않아서가 아니라 공포를 잊고자 일종의 방어 행동을 하는 것이다. 다른 범죄에는 적용하지 않는 '피해자다움'을 성폭력 범죄에 들이대는 것은 명백한 차별이다.

성폭력 피해는 성별을 가리지 않지만, 피해자의 93퍼센트는 여성이다.[23] 성폭력 예방과 성평등 실현을 위해 평생을 헌신해 온 잭슨 카츠(Jackson Katz)는 이렇게 말한다. "입장이 바뀌어

다른 범죄에는 적용하지 않는 '피해자다움'을
성폭력 범죄에 들이대는 것은 명백한 차별이다.

여자들이 남자들을 폭행하는 것이 주요한 사회 문제로 떠오른다면, 그때도 과연 지금처럼 피해자에게만 비난의 화살을 돌릴까? 또한 오로지 여자들 손에 희생된 남자들의 경험에만 관심을 쏟을까? 도대체 남자들은 왜 여자들에게 맞으면서도 계속 같이 사냐고 끈덕지게 물고 늘어질까? 아마 그렇지 않을 것이다. 틀림없이 대부분의 사람들, 그중에서도 특히 남자들은 문제의 핵심인 여자들의 행동에 집중할 것이다."[24] 범죄는 피해자가 빌미를 주어 발생한 것이 아니다. 가해자가 범죄를 저지른 것이다.

피해자다움을 들이대는 것도 모자라 피해자를 오히려 '무고죄'(誣告罪)[25]로 고소하는 경우도 왕왕 있다. 청와대 국민 청원에 올라온 '무고'와 관련한 글들은 매우 많은 사람의 동의를 얻었다.[26] 자발적으로 성관계를 한 후에 마음이 변해서 성폭행을 당했다고 주장하는, 즉 성범죄 무고를 저지르는 사람들이 많아서 억울하게 가해자로 몰리는 사례가 많다는 것이다. 이들은 성폭력 무고가 전체 무고 사건의 40퍼센트에 달한다고 말한다. 이게 사실이라면 엄청난 사회 문제일 것이다. 무고로 인한 피해는 당연히 없어야 한다.

하지만 이들의 주장과는 달리 성범죄와 관련한 무고 사건의 발생 건수는 알 수가 없다. 무고는 성범죄를 포함해 다양한 사건에서 발생하는데, 성범죄 무고만 따로 떼어 조사한 통계가 없기 때문이다. 당연히 40퍼센트라는 수치도 근거가 없다. 해외에서 연구된 사례들에 따르면, 보고된 성범죄 사건 중 약 2-10퍼센트가 무고로 알려져 있다.

성범죄 무고가 40퍼센트라는 주장은 아마도 2016년 성폭력 사건 중 검찰이 불기소 처분한 비율인 44.8퍼센트를, 무고 사건 비율로 잘못 해석한 것으로 보인다. "불기소 처분을 받았으니 피해자가 나를 무고한 것이다"라는 해석은 비약이다. 가해자가 '증거 불충분', '혐의 없음' 심지어 '무죄'로 처벌받지 않았다고 해서 피해자가 없는 내용을 꾸며서 고소했다고 볼 근거는 없다. 성범죄는 증거가 없는 경우가 많아서 처벌하기가 쉽지 않다. 게다가 앞에서도 말했지만, 우리나라 형법은 폭행이나 협박이 있었음을 증명해야 성폭행 사건이 범죄로 인정된다. 폭행이나 협박도 피해자의 저항이 불가능하거나 매우 곤란할 정도였음을 입증해야 가해자가 처벌받는다.

아는 사람에 의한 성폭력의 경우 동의하지는 않았지만 강간은 아닌, 애매한 사건들로 판단하는 예들이 있다. '명백한 동의'와 '명백한 강간' 사이에는 아주 넓은 회색 지대가 있는데,[27] 저항할 수 없을 정도는 아니지만 중대한 위협을 느껴서 마지못해 응하는 성관계도 있고, 상대방에 대한 감정이 복잡 미묘해서 어쩔 수 없이 성관계를 하는 경우도 있다. 그래서 폭행, 협박, 저항의 유무로 성범죄를 다루면 안 된다는 요구가 꾸준히 제기되어 왔다. 성범죄 사건을 다룰 때는 그 사건이 발생한 맥락에서 성차별 문제는 없었는지, 성별의 권력 구조가 어떻게 작동했는지 이해하고 판단해야 하는 것이다. 피해자가 처한 구체적 상황을 고려해 판단하라는 뜻이다. 이것이 요즘 성폭력 관련 기사에 자주 등장하는 **성인지 감수성**이다.

한편에서는 이러한 분위기를 우려하는 목소리도 나온다.[28] 이들은 증거가 없어도 '성인지 감수성'을 들이대면 꼼짝없이 유죄가 되는 게 아니냐고 비판한다. 다른 사건과 달리, 성폭력 관련 사건은 '무죄 추정의 원칙'이 아니라 '유죄 추정의 원칙'이 되었다는 비판도 덧붙인다. '의심스러울 때는 피고인의 이익으로'라는 명제가 원칙이었는데, '의심스러울 때는 피해자의 이익으로'로 뒤집힌 게 아니냐는 것이다. 타당한 문제 제기이고 유죄로 판결이 나기 전까지는 무죄로 추정받을 자연인으로서의 권리를 지켜 주어야 한다고 생각한다. 하지만 앞에서도 살펴보았듯이, 성폭력을 당한 여성이 처하는 현실은 여성에게 전혀 우호적이지 않다. 사회학자 구정우는 그간 성폭력에 시달린 여성들을 생각해 볼 때 지금은 일종의 '성장통'을 겪는 것이며, 이 과정을 통해 좀더 발전된 사회로 나아갈 것으로 전망한다.[29]

이렇게 불투명한 회색 지대가 많은 사안을 어떻게 다루어야 할지 법을 만드는 쪽이나 법을 집행하는 쪽 모두 고민이 많아 보인다. 상대방이 거부 의사를 밝혔음에도 성관계를 밀어붙였다면 강간으로 처벌하는 것이 '노 민즈 노'(No means No) 룰, 즉 '비동의 간음죄'다. 이보다 강력한 주장은 '예스 민즈 예스'(Yes means Yes) 룰이다. 단순히 상대의 동의 여부를 넘어서 어떻게 상대의 의사를 들으려 했고, 어떻게 들었는가를 중심으로 가해자에게 묻는 방식이 되어야 한다는 것이다.[30] 2014년, 미국 캘리포니아주는 주정부의 재정 지원을 받는 대학에 '예스 민즈 예스' 법안을 적용하기로 했다. 강간죄의 인정 범위를 동의 여부로 점차 넓혀 나가는 것이 전세계적 추세다.

그루밍(grooming, 길들이기)

상대방의 동의는커녕 거절하기 어려운 상태로 만들고 이를 악용하여 성폭력을 가하는 것을 '그루밍 성범죄'라고 부른다. 특히 이 수법은 아동, 청소년 대상 성폭력에서 전형적으로 나타난다. 친밀한 관계를 형성해서 피해자를 길들인(그루밍) 가해자는 마치 그에게만 해 주는 특별한 애정 표현인 것처럼 가장하고 피해자에게 다가온다. 그 과정에서 가벼운 토닥거림부터 성폭행에 이르기까지 다양한 접촉을 시도한다. 가해자를 믿고 따르며 의지하던 피해자는 이런 접촉이 성폭력인지 사랑인지 구분하기 어려운 상태에 처한다. 가해자는 이 모든 상황을 은폐하기 위해 협박하고 회유하면서 피해자를 고립시킨다.

열다섯 살 *지희는 친구 관계에 어려움을 겪었다. 하교 후 방에 박혀 게임을 하는 시간이 점점 늘어났다. 지희는 게임 자체보다 그 안에서 만나는 사람들과 채팅하는 것이 더 좋았다. 그들은 친절해 보였고 자기 이야기에 귀를 기울여 주는 것 같았다. 그중 특히 서른 살 아저씨와 개인적으로 대화를 많이 나누었다. 부모님도 이해 못하는 친구 관계의 어려움을 마치 자기가 겪은 일인 양 공감해 주는 아저씨가 참 좋았다. 지희는 아저씨를 사랑한다고 믿었다. 어느 날, 지희는 부모님에게 학교를 그만두겠다고 이야기했다. 하지만 부모님은 지희를 혼내기만 할 뿐 마음을 어루만져 주지 않았다. 너무 속상해서 아저씨에게 털어놓았더니, 그는 "부모님 나쁘다, 집 나와라, 머물 곳을 마련해 주겠다"며 지희를 회유했다. 결국 지희는 집을 나와 아저씨가 마련해 준 곳으로 갔다. 잔소리하는 부모님이 없어서 너무 자유로웠다. 처음에 아저씨는 채팅방에서처럼 친절했다. 하지만 오래가지 않았다. 잠자리와 먹을 것을 제공해 준 아저씨는 지희에게 성관계를 요구했다. 부모님의 신고로 지희가 발견될 때까지 지희는 그의 성범죄 대상이 되었다.

지희는 그루밍 성범죄의 피해자였으나, 자기가 성범죄를 당한 것이라는 사실을 인지하게 되었을 때 신고하기가 쉽지 않았다. 한때는 자기도 아저씨를 사랑한다고 생각했으니까 자발적으로 그 관계에 동의한 것이 아닌가 하는 자책감이 들었다. 또 자기가 피해를 당한 줄 몰랐다는 수치심에 괴로워했다. 왜 당시에 그게 성범죄인 줄 몰랐는지, 적극적으로 신고하지 않았는지 자기를 비난했다.

그간 만 13세 미만에 대한 성범죄는 아동의 동의 여부와 상관없이 가해자를 처벌해 왔다. 하지만 13세가 넘는 아동의 경우, 강제성을 입증하지 못하면 처벌하기가 어려웠다. 그래서 13세가 넘었어도 일정 연령까지 보호 범위를 넓히는 쪽으로 법을 개정해야 한다는 지적이 꾸준히 있어 왔다. 적어도 가장 많은 나라가 채택한 16세로 올려야 한다는 것이다. 사실 성인이 될 때까지 아이들의 성은 보호받아야 마땅하다. 이 글을 쓰는 동안, 13세 이상 16세 미만의 아동, 청소년의 어려운 처지를 이

용한 그루밍 성범죄에 대해 합의 여부와 상관없이 처벌하도록 법률 개정안이 시행되었다.[31]

*선영은 대학생이었다. 상대 남자는 선영보다 아홉 살 많은 교회 전도사였다. 둘은 교회 학교 한 부서에서 교사와 전도사로 만났다. 선영은 신앙적으로 전도사를 존경했고, 둘은 음악과 영화에 대한 코드도 잘 맞았다. 대화가 술술 통했다. 그러다가 한두 번 교회 밖에서 따로 만나기 시작했는데 어느 날, 전도사는 선영에게 동의를 구하지 않고 강제로 키스를 했다. 선영도 전도사에게 호감을 느끼긴 했지만 전도사의 이 행동은 어떻게 해석해야 하는지 혼란스러웠다.

전도사는 선영에게 두 사람의 관계를 교회 사람들에게는 비밀로 하자고 했다. 알려져서 좋을 게 없다고 했고, 선영 역시 그러자고 했다. 둘은 마치 첩보 작전처럼 비밀 연애를 했다. 학생이 무슨 돈이 있느냐며 데이트 비용은 늘 전도사가 냈다. 만나는 횟수가 많아질수록 전도사는 점점 더 강한 스킨십을 요구했다. 무언가 잘못된 것 같았지만 고립된 선영은 누구와도 이 문제를 상의할 수 없었다. 선영은 불안했다. 그 후 전도사는 갑자기 선영에게 아무 말도 하지 않은 채 교회를 떠났고 전화번호까지 바꿨다. 선영의 마음에는 큰 상처가 남았다.

아동, 청소년이 아니더라도 신뢰 관계가 중요한 교회 안에

 목회자로 일하기 전에 교회 내 성폭력의
특수성에 대해 의무적으로 교육을 받도록 해야 한다.

서 그루밍 성범죄가 더 많이 발생할 확률이 높다. 그러니 더더욱 예방하기가 어렵다. 선영의 경우, 처음에 동의를 구하지 않은 스킨십은 성추행이었지만 이후 두 사람의 관계가 연애처럼 흘러갔기 때문에 선영도 동의한 것처럼 보인다. 하지만 피해자의 신뢰를 얻고 데이트를 하고 비밀로 하자고 하면서 피해자를 고립시키고 다양한 종류의 성폭력을 저지르고 결국 책임지지 않는 것은 전형적인 그루밍 성범죄 수법이다.

목회자가 교인을 친절하게 대하면서 인생과 신앙의 어려운 이야기를 들어 주고 상담하고 기도해 주고, 교인은 목회자를 존경하고 따르며 두 사람 사이에 신뢰가 쌓이는 것은 아름답고 권장할 만한 일이다. 교인이 목회자를 지나치게 의존하는 것이 현재 한국 교회의 문제점이긴 하지만, 목회자와 교인의 관계를 무조건 색안경 끼고 볼 수도 없다. 아내 이외의 여성과는 단둘이 있는 자리를 만들지 않는다는 펜스 룰(Pence Rule)을 목회자가 지키기 어려운 경우도 생긴다.

그러면 어떻게 할까? 목회자와 교인의 정상적인 신뢰 관계가 그루밍 범죄로 변질되지 않으려면, 먼저 목회자 그룹이 젠더 감수성 교육, 성폭력 예방 교육을 받아야 한다. 목회자로 일하기 전에 교회 내 성폭력의 특수성에 대해 의무적으로 교육을 받도록 해야 한다. 또한 성범죄를 저지른 목회자에게는 교단 차원에서 제명이나 면직 같은 제대로 된 징계를 반드시 내려야 한다.

장난과 폭력 사이에서[32]

예전에 남자아이들은 치마를 입은 여자아이들에게 '아이스께끼'라고 말하며 치마를 들추는 '장난'을 쳤다. 가슴이 발달하기 시작한 여자아이들이 브래지어를 착용하면, 브래지어 끈을 잡아당기고 도망가는 아이들도 있었다. 이런 남자애를 끝까지 쫓아가서 응징하는 여자아이도 있었지만, 대부분은 그 장난을 속절없이 '당하고' 속상해하거나 울거나 장난친 아이에게 다른 방식으로 복수하곤 했다.

'치마 들추기'가 부모 싸움으로 번지는 일을 내 주변에서는 못 보았는데 지금은 양상이 달라졌다. 이런 행동이 이제는 장난으로 끝나지 않을 수 있다. 같은 사안을 바라보는 시각도 부모마다 다르기 때문에 우리 가정에서 장난으로 치부하는 행동을 다른 가정에서는 폭력으로 간주할 수 있다. 부모들은 혹시

라도 내 아이가 (성)폭력의 가해자 혹은 피해자가 되는 것은 아닌지 불안하다. 그렇다면 아이들 사이에서 일어나는 일들은 어디까지가 놀이이고 어디서부터 폭력으로 봐야 할까?

어린아이니까 장난을 친다. 놀면서 자란다. 병원 놀이도 하고 소꿉놀이도 한다. 이런 놀이가 어떤 경우에는 '성'을 연상시키기도 한다. 대개 둘이 그 놀이를 같이 즐겁게 했다면 큰 문제는 아니다. 어른들의 시각으로 아이들 놀이를 판단할 수만은 없다. 다만 아무리 재미가 있었더라도 자신이나 다른 사람의 몸을 보여 주거나 보는 행동, 만지게 하거나 만지는 행동에 대해서는 아이와 이야기를 나누어야 한다. 성과 관련한 말이나 행동은 '프라이버시'라는 점, 특히 공공장소에서 성과 관련한 예절을 지켜야 한다는 인식을 심어 주어야 한다.

여기서 꼭 짚고 넘어가야 할 사항은, 그 놀이를 억지로 하게 한 '강제성'이 있었느냐는 점이다. 이 행동을 안 하면 앞으로 같이 놀지 않겠다고 겁을 준다든가, 이렇게 하면 놀아 주겠다거나 하는 회유는 문제가 된다. 상대방이 하지 말라고 하는데도 계속한다면, 그게 아무리 장난이요, 놀이요, 나쁘게 할 의도가 없었다고 하더라도 상대방 친구에게 상처를 입힌다는 것을 깨닫게 해야 한다.

막내가 대여섯 살 때쯤의 일이다. 동네 이비인후과에 가서 순서를 기다리고 있었다. 나는 한쪽 의자에 앉아 있었고, 막내는 나와 저쪽 의자를 오가며 무료함을 달랬다. 그때 한 엄마가 막내보다 한두 살 많아 보이는 남자아이를 데리고 들어왔다. 남자아이가 우리 아이 옆에 딱 붙어 앉더니 갑자기 아이 입술에 뽀뽀를 했다. 갑작스러운 남자아이의 행동에 막내도 나도 당황하고 있었는데, 그 아이 엄마가 이렇게 말했다. "꼬마야, 오빠가 네가 예뻐서 그래."

나는 아이의 행동보다는 그 엄마의 말에 화가 났다. 재빨리 맞받아치지 못하고 있는 나를 대신해, 두 아이를 지켜보던 간호사가 그 엄마에게 말했다. "어머니, 그렇게 말씀하시면 안 되죠. 아드님이 일방적으로 뽀뽀를 했잖아요. 얼른 사과하라고 하세요." 지금 다시 생각해도 그 간호사의 대처는 정확했다. 게다가 자기가 근무하는 병원에 찾아온 고객에게 이런 말을 하기가 쉽지 않았을 텐데 말이다.

내가 초등학교 6학년 때, 선생님이 시킨 심부름을 끝내고 집에 가려는데 책가방이 보이지 않았다. 교실 어디에도 없었다. 그런데 남자아이 두 명이 이런 내 모습을 지켜보며 웃겨 죽겠다는 시늉을 했다. 너희가 숨겼으면 돌려 달라고 했지만 소용이 없었다. 속상한 마음에 교무실로 가서 울먹이며 담임선생님에게 이 사실을 이야기했다. 그때 선생님이 하신 말씀은 "그 아이들이 너를 좋아하나 봐"였다.

아이들이 잘못된 행동을 할 수 있다. 다만 이때 어른의 역할이 중요하다. 잘못이 명백한 상황에서 '너를 좋아해서, 네가 예뻐서 그런 것'이라는 말로 합리화해서는 안 된다. 어른들의 이런 말은 아이들이 무엇이 옳고 그른지 배울 기회를 빼앗는다. 이런 태도는 아이의 장래에까지 큰 걸림돌이 될 수 있다. 내가 하고 싶다고 다 허용되지는 않는다는 것, 상대방이 싫어하는 행동을 지속하면 안 된다는 것, 인간관계의 이런 예의범절을 가르치는 것이 어른의 역할이다. 어려서 배우지 않으면 자라서도 "농담이었다, 장난이었다"라는 말로 둘러댄다.

'하는' 성폭력에서 '보는' 성폭력으로

마흔이 다 되어서야 스마트폰을 사용하기 시작한 나와는 달리 딸들은 중학생 때부터 스마트폰을 사용했다. 제 친구들은 이미 초등학교 저학년 때부터 스마트폰을 썼으니 아이들 기준에서는 꽤 오래 참은 것이었다. 스마트폰을 사 주는 순간 아이들과 신경전을 벌인다던 선배 부모들의 말은 우리 집도 예외가 아니었다. 어떤 기준으로, 무엇을, 얼마나 오래 보도록 허용해야 하는가를 두고 자주 언쟁이 벌어졌다.

부모들이 스마트폰을 사 줄 때 제일 신경 쓰이는 건 아무래도 음란물이다. 스마트폰이나 컴퓨터를 이용할 때 아이들이 일부러 찾아 들어가지 않더라도 우연히 이런 것들을 볼 가능성이 매우 크다. 과거에 비해 신체 발달이 훨씬 빠른 아이들에게 시청각적으로 너무 많은 자극이 주어진다. 이제 인터넷 세상은 아이들의 놀이터요 학습 공간이다. 모여서 놀 시간도, 공간도 없는 아이들에게 인터넷 세상마저 차단할 수는 없는 노릇이다. 그에 비해 부모는 아이들만큼 인터넷 세상을 알지 못하니 아이들이나 부모들이 겪어 내야 하는 현실이 막막하다. (디지털 시대에 성교육을 어떻게 할지 6장에서 조금 더 논의하겠다.)

2014년부터 3년간, 성폭력 가해 경험이 있는 청소년들과의 상담을 분석한 결과가 있다. 성폭력 가해 유형을 보면 SNS를 통해 또래에게 성적인 글, 사진, 동영상을 배포하는 '통신 매체 이용 음란' 유형이 28퍼센트로 가장 큰 비중을 차지했다. 치마 속이나 화장실 등을 불법으로 몰래 촬영하는 '카메라 등 이용 촬영'도 전체의 18퍼센트나 되었다.[33] 이렇듯 요즘은 (몸으로) '하는' 성폭력만큼이나 (눈으로) '보는' 성폭력의 폐해도 심각하다.

막내가 중학교 2학년 때 같은 반 남자아이의 SNS 계정을 내게 보여 주었다. 이 아이 담벼락에 또 다른 친구가 공개적으로 상당히 많은 양의 링크를 공유했다. '생축'이라는 두 글자 옆에

 요즘은 (몸으로) '하는' 성폭력만큼이나
(눈으로) '보는' 성폭력의 폐해도 심각하다.

'즐딸!'(즐겁게 자위하라)이라는 단어를 덧붙였다. 축하 인사와 함께 보낸 링크들은 무엇일까? 어떤 경우에는 이렇게 공유한 링크에 악성 코드를 심어 개인 정보를 빼내기도 한단다. 만약 공유한 링크 중에 등장인물이 아동이나 청소년으로 추정되는 음란물이 있다면, 잠깐의 접속만으로도 가중 처벌을 받는다. 이런 사실을 아는지 모르는지 아이들은 호기심과 재미로 다양한 성적 영상물을 혼자 보거나 함께 본다.[34]

'음란'은 우리나라에서 성적 표현을 처벌하는 법적 근거다. 법원에 따르면 음란은 "일반 보통인의 성욕을 자극하여 성적 흥분을 유발하고 정상적인 성적 수치심을 해하여 성적 도의관념에 반하는 것"을 말한다. 즉, 음란물은 바람직한 성 윤리에 반하는 영상물이다. 이와 달리 포르노그래피는 성 윤리 위반과 무관하게 성적 흥분을 불러일으키기 위해 계획된 에로틱한 행위에 대한 묘사, 성기나 성행위의 노골적 묘사를 의미한다. '야동'(야한 동영상) 역시 이와 비슷한 의미로 사용된다.[35] 우리는 종종 '야동, 음란물, 포르노그래피, 몰카, 도촬' 같은 단어를 섞어서 사용한다. 문제는 불법 촬영을 '몰카, 도촬' 같은 용어로 사용하고, 불법 촬영물을 음란물이나 포르노, 야동과 같은 범주로 인식하고 지칭한다는 점이다.

남성 연예인이 많이 출연하는 예능 프로그램에서는 '야동'을 유머의 소재로 사용하기도 한다.[36] '환상의 세계'라는 자막과 함께 그들이 웃고 즐기는 '야동'의 출처에 관해 아무도 의문을 제기하지 않는다. 국내에 유통되는 '야동'은 크게 두 가지로 나뉜다. 일본이나 미국 등 포르노 제작 합법 국가들에서 생산된 해외 포르노이거나 국내 및 해외에서 불법 촬영되고 유포된 디지털 성범죄물이다. 참고로 우리나라에서 성기를 노출하거나 노골적으로 성관계를 묘사한 포르노를 제작, 판매, 유포하는 행위는 불법이다.[37] '야동'이라는 단어에 이런 현실이 내포되어 있는데, 아무렇지도 않게 '야동'을 소재 삼아 일종의 '문화'로 확산시킨다.[38]

고등학생이나 청년들에게 성교육을 할 때 '성관계를 하기 전에 필요한 유무형의 준비물'을 그룹을 나누어 적어 보게 한다. 그들은 결혼, 사랑, 책임, 동의 같은 무형의 준비물과, 깨끗한 장소, 피임약, 피임 도구, 음악, 와인 같은 유형의 준비물들을 발표한다. 이들이 내놓은 목록 중에 충격적인 준비물이 하나 있었다. 바로 '카메라 탐지기'다. 사랑하는 사람과 섹스를 하려는 장소에 혹시라도 불법 촬영을 하려는 카메라가 숨겨져 있지는 않은지 카메라 탐지기로 사전에 검사해야 한다는 것이다. 이 대답은 늘 여성 그룹에서 나왔는데, 여성들은 자기 몸이 불법 촬영당할까 봐, 그 영상이 누군가의 성적 유희를 위한 수단으로 쓰일까 봐, 또는 온라인 세상 여기저기를 떠돌게 될까 봐 불안해했다. 모텔에 초소형 카메라를 몰래 설치해서 실시간으로 객실 내부를 엿본 일당이 붙잡혔다는 뉴스가 나오는 사회에서 이들의 불안을 과도하다 할 수 있을까.

어느 신문 기사 제목이 "여친 성관계 동영상 유출한 '리벤지 포르노' 대학생 집유"였다.[39] 사귀는 사이라 해도 성관계 동영상을 찍는 것은 위험하지만 백번 양보해서 두 사람이 합의해서 동영상을 찍었다고 가정하자. 그러나 상대방이 유출해도 좋다고 동의했을까? 유출된 동영상 때문에 여성이 겪을 고통에 비해 처벌 수위가 너무 가벼운 것은 논외로 하더라도 '리벤지 포르노'라는 단어를 사용한 것이 문제다. '리벤지 포르노'라는 말은 가해자 중심적인 표현이다. '리벤지'(revenge)는 복수라는 뜻이어서 '피해자가 복수를 당할 만한 나쁜 짓을 했나 보다'라는 뉘앙스를 풍긴다. 심지어 이런 영상물은 '포르노'가 아니다. 그러니 이 경우 '리벤지 포르노'가 아니라 '디지털 성범죄'라고 해야 한다. 범죄를 범죄라고 하지 않고 저렇게 표현하면 범죄의 심각성을 떨어뜨린다.

그간 불법 촬영물을 (단순히) '보는' 행위는 처벌 대상이 아니었다. 불법 촬영을 하거나 이를 유포하는 경우에만 처벌했는데, 이마저도 여러 감형 사유(초범이어서, 술에 취해서, 장래가 촉망되어서, 반성하고 있어서, 나이가 많아서 혹은 나이가 어려서 등)로 처벌 수위가 매우 낮았다. 이에 불법 촬영물을 '보는' 것도 성폭력이라는 인식이 확산되어야 한다는 주장이 끊임없이 제기되었다. 피해자에게는 누군가 그 영상을 본다는 것 자체가 또 다른 가해가 되기 때문이다. 불법으로 찍거나 공유하지 않았고 단순히 봤을 뿐이라는 이유로 면죄부를 준다면, 피해자는 '누군가 내 몸을 몰래 보고 있지 않을까?' 하는 공포에 시달릴 수밖에 없다. 그 공포는 피해자를 죽음으로까지 몰고 가기도 한다. 이런 현실에서 여성들이 사랑하는 사람과 성관계를 할 때도 불법 촬영을 당할까 봐 걱정하는 일이 실재하는 것이다. 마침내 2020년 5월, 국회는 텔레그램에서 발생한 디지털 성범죄 해결책 중 하나로 불법 촬영물을 시청만 해도 처벌하는 이른바 'n번방 방지법'을 통과시켰다.[40]

불법 촬영이 아니더라도 한 개인을, 특히 여성을 그의 품성이나 존엄성과는 상관없이 상품이나 물건처럼 취급하는 '대상화' 행위는 비일비재하다. 미래에 교사가 되고자 하는 남학생들이 단체 대화방에서 또래 여학생들의 신상 정보와 얼굴을 두고 품평해 온 악습이 폭로되었다.[41] 이런 문제는 'OO대 단톡방 성희롱 사건' 등의 이름으로 이 대학, 저 대학 가리지 않고 등장한다. 성희롱이 강간 모의로 이어지는 사건까지 발생한다. 이런 행동을 테스토스테론 수치가 높은 혈기 왕성한 남자들의 '어쩔 수 없는' 성적 호기심 정도로 볼 수 있을까? '남자가 다 그렇지'라며 봐주고 이해해 주는 문화는 결국 폭력의 일상화라는 결과를 낳는다.

아이들마저 품평의 대상이 되는 것은 더욱 심각한 문제다. "5살에 완성된 모델 비율"이라는 제목의 기사를 보라.[42] 기자는 아이의 사진과 함께 "물 밖에 있는 사진에서는 OO의 긴 팔다리가 시선을 사로잡았다"라고 썼다. 유명 아이스크림 업체는 여자아이를 모델로 내세워 만든 광고 때문에 도마 위에 오르기도 했다.[43] 어린이 모델을 성인 모델처럼 꾸미고, 입술을 클로즈업하는 등 아동의 성을 상품화했다는 비판이 일자 업체는 광고 영상을 삭제했다. 성인의 성을 상품화하는 것도 비난받아 마땅한데 하물며 어린아이의 몸을 이렇게 다루면 되겠는가. 아동의 외모마저 평가 대상이 되고 상품처럼 취급되는 것은 매우 심각한 문제다.

글을 쓰고 있는 동안에도 각종 디지털 성범죄의 추악함이 연일 드러나고 있다. 연예인, 정치인, 기업인 할 것 없이 소위 '권력'을 지닌 자들이 술집에서, 직장에서, 지하철에서 누군가의 몸을 찍고 유포하고 오락거리로 삼는다. 심지어 어린아이들을 유인해 벗은 몸을 찍게 하고 그것으로 아이들을 협박한다. 정황이나 양상은 달라도 뿌리는 같다. 누군가의 성과 몸에 함부로 침범해서 자기의 욕구를 채우는 도구로 사용한 것이다. 디지털 성범죄 역시 가해자의 대부분은 남성이고, 피해자의 대부분이 여성이다.[44] 성범죄를 뿌리 뽑으라는 국민적 분노가 들끓고 있는 지금, 이런 동영상을 어디서 볼 수 있느냐는 질문이 검색어 상위권에 올라와 있다.

혐오의 문화, 어떻게 바꿀까?

2016년 한국형사정책연구원이 내놓은 연구 보고서에 따르면, 성범죄 가해자의 성별 분포에서 남성이 절대다수를 차지한다.[45] 경찰청이 발간한 '2017 범죄 통계'에 따르면, 전체 범죄 건수는 해마다 줄고 있지만, 성범죄 발생 건수는 꾸준히 늘고 있다. 이 가운데 유사 강간을 포함한 강간 범죄자의 절대다수는 남성, 피해자의 절대다수는 여성이다.[46] 한국여성의전화가 발표한 '2018년 가정 폭력 상담 통계 분석'을 보면, 가해자가 남성인 사례가 대부분을 차지한다.[47] 서울시 여성가족재단

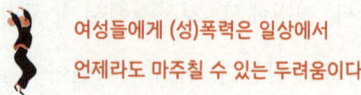
여성들에게 (성)폭력은 일상에서
언제라도 마주칠 수 있는 두려움이다.

이 여성 2천 명을 대상으로 '데이트 폭력 피해 실태 조사'를 한 결과, 여성 열 명 중 아홉 명이 연인에게 데이트 폭력을 당했다고 응답했다.[48] 여성들에게 (성)폭력은 일상에서 언제라도 마주칠 수 있는 두려움이다.

    2019년 세계경제포럼(WEF)이 발표한 '성 격차 지수'(Gender Gap Index)에 따르면, 우리나라는 153개국 중 108위로 남녀 간 격차가 큰 국가에 속했다. 그런데 유엔개발계획(UNDP)이 발표한 '성 불평등 지수'(Gender Inequality Index)는 189개국 중 10위로 성평등한 국가에 속한다.[49] 성평등에 관련한 통계가 왜 이렇게 차이가 날까? 두 통계가 초점을 맞추는 내용이 다르기 때문이다. '성 격차 지수'는 정치와 경제가 핵심이고, '성 불평등 지수'는 보건과 교육에 중점을 둔다. 즉, 우리나라는 여성의 교육과 보건 수준이 높음에도 불구하고 경제·정치적 권한은 매우 낮다는 말이다. 정치와 경제 영역에 여성을 비롯한 더 다양한 사람들의 목소리가 반영되는 구조가 절실하다.

    남자와 여자가 똑같이 '하나님의 형상'이라고 알고 있는 그리스도인이라면, 통계가 보여 주는 폭력적이고 차별적인 현실을 개선해야 한다는 데 이견이 없을 것이다. 그런데 강의를 하면서 성폭력이나 성차별에 관한 이야기를 하면, 유독 불편해하는 남성들이 있다. 그들은 몸을 삐딱하게 돌려 앉거나, 팔짱을 끼거나, 눈을 맞추고 싶지 않은 듯 시선을 피한다. 심지어 주변 사람들과 떠들면서 적극적으로 강의를 방해하기도 한다. 선한 인상을 지닌 그들의 표정은 '나는 착한 사람인데… 나는 차별하는 남자가 아닌데… 폭력은 나와는 거리가 먼 문제인데…'라고 말하는 듯하다. 학교와 교회에서의 반응도 다르지 않다. 실제로 '모든 남자를 성폭력 가해자로 보는 것 같다'는 질문에 '그렇다'라고 답한 남자 청소년의 비율이 '그렇지 않다'라고 답한 비율보다 현저히 높다.[50]

익명으로 질문을 받아 보면 그들의 울분(?)이 더욱 잘 드러난다. 질문의 형태를 띤 항의도 있다. "여자들이 차별당한다고 말하지만, 오히려 남자가 역차별당하고 있지 않느냐?", "왜 남자가 데이트 비용과 결혼 비용을 다 내느냐?", "여자는 군대에 안 가지 않느냐?", "왜 여성 전용 시설은 많은데 남성 전용 시설은 없냐?", "여성할당제 때문에 남자들이 피해를 입는다" 등등. 이들은 과거에는 여성을 억압하고 차별하는 문제가 있었지만, 지금은 그렇지 않다고 말한다. 또 성차별과 관련한 통계들이 왜곡되었다고 주장한다. 성교육 강사인 나를 '꼴페미'(페미니스트를 비하하는 용어)라고 부르며 조롱하기도 한다. 다른 성교육 강사들도 마찬가지다. 여성 강사들이 남학생에게 성희롱을 당하기도 하고, 물리적 위협을 받은 경우도 있다. 현실이 이렇다 보니 남자 청소년들에게 어떻게, 어떤 내용으로 성교육을 해야 하는지 세미나가 개최되기도 했다.[51] 10-20대 남자들의 이런 반응을 어떻게 이해하면 좋을까?

그들 눈에 또래 여자들은 차별받은 적이 없다. 여자들이 차별받는다고 하는데 당장 내 눈앞에 있는 여자들은 남자들보다 누리는 것이 훨씬 많아 보인다. 치열한 경쟁 사회인 학교에서 초등학생 때부터 사춘기를 거치는 동안 일반적으로 여자아이들이 두각을 나타내고 성적도 상위권을 차지한다. 남자아이들이 보기에는 선생님도 대부분 여자라서 여자아이들 편을 드는 것 같다. 아버지 세대는 그나마 가족의 생계를 책임진 가장으로서의 권위라는 게 있어 보인다. 하지만 자신들은 아버지에 비해 가진 것이 없고, 가질 수 있다는 기대도 할 수가 없다. 취직하기도 어렵고 연애와 결혼은 포기한 지 오래다. 그러니 아버지처럼 대접받을 가능성도 보이지 않는다. 그런데도 여전히 남자다워지고 남자답게 살라고 하니 부담감과 억울함, 박탈감과 분노가 여성에 대한 혐오와 뒤엉켜 표출된다.

인권 운동가 한채윤은 이렇게 분석한다. "이는 오래전부터 누적되어 온 한국 사회의 정치·사회·경제적 문제들에서 비롯된다. 10대들이 철이 없어서 미숙해서 역차별을 운운하거나 페미니즘에 반감을 보이는 것은 아니다. 아버지 세대만큼 남자로서 누리는 것이 없고, 자신은 딱히 다른 사람을 차별할 만큼의 힘도 가지지 못한 것 같고, 더군다나 당장은 자신의 눈앞에서 여자들이 더 많은 것을 누리고 있는 것 같기 때문이다."[52]

사람은 자신의 기득권을 빼앗기지는 않을까 불안할 때, 자기 몫이 줄어든다는 느낌이 들 때, 앞으로 나아갈 길이 없다고 느낄 때, 더는 해 볼 방법이 없다고 생각될 때, 억울할 때, '탓'할 대상을 찾는다. 그 대상을 탓하고 혐오하면서 자기는 잘못이 없음을, 오히려 자기가 피해자임을 입증하려는 경향이 있다. "혐오는 나의 힘든 상황을 다른 누군가의 책임으로 돌릴 수 있는 악마의 유혹 같은 것"이다.[53]

여성만 혐오의 대상이 아니다. 남성, 장애인, 성 소수자, 외국인, 노인, 심지어 엄마나 자기 자신까지, 사람을 가리지 않고 비하하고 혐오한다. 초등학생도 인터넷상에 번지는 혐오 단어를 여과 없이 사용한다. 김치녀, 된장녀, 한남충, 느금마, 맘충, 급식충, 똥꼬충, 틀딱충, 휴거…. 개인 인터넷 방송 규모가 커지면서 일부 진행자들이 사용하는 욕설과 성적 표현들을 무분별하게 따라 하기도 한다. 아이들이 이렇게 편견에 물든 말을 하

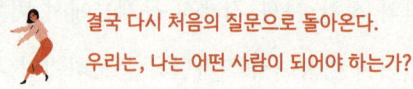
결국 다시 처음의 질문으로 돌아온다.
우리는, 나는 어떤 사람이 되어야 하는가?

고 약자를 조롱하는 행동을 하는 것은 요즘 아이들이 더 나빠서가 아니다. 그간 어른들이 만들고 사회가 강화해 온 각종 차별, 폭력, 혐오의 문화에 근본 책임이 있다. 어른, 아이 할 것 없이, 세 보이려고 모욕적 언행을 일삼는 문화는 예전부터 있었다. 아이들은 또래 집단에서 내쳐질까 봐 두려워 혐오 표현을 사용한다. 이런 말을 쓰지 말자고 말했다가는 '노잼 인간, 게이, 진지충' 같은 또 다른 혐오 표현이 되돌아온다. 혐오는 꼬리에 꼬리를 물고 이어진다. 어디에서 이 악순환의 고리를 끊을 수 있을까?

버락 오바마(Barack Obama) 미국 전 대통령은 퇴임을 앞두고 한 잡지에 이런 글을 썼다. "성차별이나 성별 고정 관념에 대항하는 싸움에 동참하는 것은 아버지로서 배우자로서 남자 친구로서 남성의 책무다. 성평등을 위해 좋은 정책을 만드는 것도 중요하지만, 가장 중요한 것은 우리 자신을 변화시키는 것이다."**54**

결국 다시 처음의 질문으로 돌아온다. 우리는, 나는 어떤 사람이 되어야 하는가? 다음 세대에게 어떤 사람이 되라고 가르쳐야 하는가? 아이들이 평등하고도 자유로운 존재로서 살아갈 수 있는 사회를 만들려면 어른들은 무엇을 할 수 있을까? 우리의 힘은 미약한 것 같고 해야 할 일은 태산 같아 보인다. 세상이 이러하니 그리스도인은 더더욱 "이 세대를 본받지 말고 오직 마음을 새롭게 함으로 변화를 받아 하나님의 선하시고 기뻐하시고 온전하신 뜻이 무엇인지 분별"(롬 12:2)해야 할 것이다.

핵심 메시지

1. 남자와 여자는 다르고, 각각의 개인도 다르다. 사람은 다양하고 이런 다양성이 세상을 풍성하게 만든다. 차이가 차별로, 나아가 폭력으로 이어지지 않도록 나와 타인의 차이를 존중하자.

2. 사랑은 배워야 하는 감정이고 서로가 좋은 지점을 꾸준히 찾아가는 능력이다. 내가 무엇을 원하는지 표현하고 상대방은 잘 듣고, 서로 대화하며 최선의 타협점을 찾아가는 것이 애정 관계를 유지하는 방법이다.

3. 성범죄 피해자의 대다수는 여성이다. 범죄는 피해자가 이러저러하기 때문에 발생하는 것이 아니다. 가해자가 범죄를 저지른 것이다. 성범죄를 줄이기 위해서는 '성인지 감수성'을 계발하고, 일상 속에 성평등한 문화가 자리 잡아야 한다.

함께 생각해 볼 질문

1. 여자와 남자의 차이 혹은 딸과 아들의 차이, 같은 성별 내 개인의 차이에 대해 본질주의/구성주의 입장에서 설명해 보자.

2. 젠더가 당신의 애정 관계에 미친 영향이 있다면 나누어 보자.

3. 싫어하는 감정과 혐오는 어떤 면에서 같거나 다른가?

6장. 어떤 사람이 될 것인가?

> 사랑하고 사랑받는 것이 자연스럽게 펼쳐지는 사회,
> 서로 어깨를 기대고 오순도순 살아가는 것이
> 인간의 본질과 맞닿는 일이며 예수가 말한
> 하나님 나라가 아니겠는가.
> **이이효재 사회학자, 여성학자**

5장에서는 차이가 어떻게 성차별 심지어 성폭력으로 이어지는지 살펴보았다. 그런데 이런 이야기들을 계속 들으면 무척 우울해진다. 성에 대해 생각하고 이야기하기가 꺼려진다. 사실 성은 이런 것이 아닌데 말이다. 평등하고 자유로운 두 사람이 상대방을 향한 사랑의 마음을 언어와 몸으로 표현하면서, 친밀감과 헌신을 굳건히 해 나가는 일은 옳고도 아름답다. 게다가 성은 모든 인간에게 값없이 제공되는 가장 수준 높은 쾌락이 아니던가.

나는 어른들이 긍정적이고 명랑한 분위기에서 아이들과 성에 대해 이야기 나눌 사람으로 준비되면 좋겠다. 그것이 내가 이 책을 쓰기로 한 동기다. 아이들은 전에 비해 신체 발달이 더 빠르고, 전에는 상상도 못하던 성적 자극이 곳곳에 깔려 있다.

아이들이 겪어 내야 하는 현실이 녹록지 않다. 이런 현실을 알아 주고 아이의 마음을 이해해 주고 부모로서의 염려와 기대를 표현하면 대부분의 아이는 잘 성장할 것이다.

부모는 아이들에게 남자와 여자가 서로를 어떻게 사랑하는지 보여 주는 거울이다. 아이들은 부모가 어떻게 역할을 나누어 가정의 대소사를 처리하는지 본다. 성교육은 아이를 앉혀 놓고 "자, 이제부터 성교육하자" 하면서 설명하고 정보를 전달하는 것보다 아이와 가장 가까운 남녀가 차별과 폭력 없이 살아가는 모습을 보여 주는 것이 훨씬 효과적이다. 그런 의미에서 부모는 내 아이가 만나는 첫 번째 성교육 선생님인 셈이다.

디지털 시대, 아이의 성교육

2017년 여성가족부의 보고서에 따르면, 지난 1년간 음란물을 본 적이 있다고 응답한 10대 청소년은 열 명 중 네 명이다.[1] 초등학생의 시청 비율은 2년 전 조사에서보다 증가했다. 아이들은 인터넷 포털 사이트, 유튜브, SNS 등에서 음란물을 접한다. 텔레비전 프로그램이라고 나을까? 성적 대상화, 성희롱 발언이 난무하고 성폭력을 미화하는 장면도 나온다. 대중가요의 가사나 뮤직비디오는 대놓고 성관계를 묘사하기도 한다. 정서적으

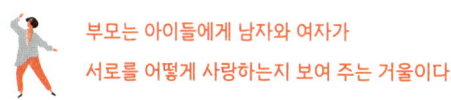
부모는 아이들에게 남자와 여자가 서로를 어떻게 사랑하는지 보여 주는 거울이다.

로 감당할 수 없는 음란물을 보고 나서 괴로워하는 초등학생, 좀더 자극적인 영상을 찾아 헤매는 자신을 비난하는 중학생, 성에 대해 왜곡된 시각을 갖게 된 것은 물론 영상을 따라 해 보고 싶어 하는 고등학생까지, 고통을 겪는 아이들이 많다. 텔레비전을 아예 시청하지 못하게 하거나 미성년자에게 스마트폰을 주면 안 된다고 법으로 정하지 않는 한, 이런 문제는 점점 더 어린 나이부터 시작될 것이다.

'디지털 이주민'인 부모들은 '디지털 원주민'인 아이들을 어떻게 키워야 할까? 이는 디지털 시대를 살아가는 모든 부모의 발등에 떨어진 과제다. 부모들은 스마트폰과 텔레비전 같은 디지털 기기를 통해 육아에 많은 도움을 얻는다. 그러다 보니 아이들도 어릴 때부터 그런 기기들과 더불어 살아간다. 부모 자신도 스마트폰 없이 살아가기 힘들지만, 스마트폰이 없으면 불안을 느끼는 아이를 지켜보는 일은 더 불안하다. 가정마다 스마트폰을 사이에 두고 부모와 자녀가 전쟁 중이다. 어떻게 하면 우리 자녀들이 디지털 기술을 올바로 사용할 수 있을까?

이 주제에 대해서는 여러 분야의 학자, 소아정신과 의사, 심리상담가 등이 이미 여러 이론과 정보와 제안을 내놓았고 지금도 계속해서 나오는 중이다. 자녀에게 처음 디지털 기기를 줄 때는 사용 범위와 시간 등을 명시한 '스마트폰 사용 계약서'를 작성해서 실천할 수도 있고, 가족이 함께 디지털 기기를 사용하지 않는 시간이나 상황을 약속할 수도 있다. 아동심리학자 얄다 T. 울스(Yalda T. Uhls)는 디지털 시대의 양육법에 대해 몇 가지 지침을 제시한다.[2] 그가 말한 핵심은 "항상 대화의 통로를 열어 놓은 상태에서, 아이에게 어느 정도 자율성을 허락하면서도, 만일의 사태에 대비해야 한다"는 것이다.

결국에는 아이에게 디지털 세계를 분별하고 비판하는 능력, 그 세계 안에서 절제력과 통제력을 발휘하여 활용할 수 있는 능력을 키워 주는 것이 가장 본질적인 방법이라는 데 전문가들 모두가 동의한다. 이 능력을 '디지털 리터러시'라고 부른다(특히 대중 매체에서 전달되는 정보들을 비판적 시각으로 해석하고 창의적으로 검토하여 재창조하는 능력을 '미디어 리터러시'라고 부른다).[3] 당장 아이가 스마트폰을 내려놓기를 바라는 부모들에게는 무척 맥 빠지는 조언일 수 있다. 하지만 이 방법이 최선임을 경험해 본 이들은 알 것이다.

2017년에 '푸른아우성'이라는 단체에서 두 권의 책을 발간했다. 『아우성 빨간책』이라는 제목으로 '여자 청소년 편', '남자 청소년 편'이 따로 나왔다. 현재 청소년들이 인터넷 세계에서 겪고 있는 다양한 성 문제를 다룬 책으로, 사춘기 아이를 키우는 양육자에게 큰 도움을 준다. 그 책은 다음과 같이 말한다.

> 부모는 진짜 사랑과 성을 경험해 본 사람으로서 성관계가 성기끼리의 접촉이 아니라 생명과 사랑, 쾌락을 포함하는 넓은 개념이라고 말해 주어야 한다. 건강한 성과 음란물 속 성의 차이를 알려 주어서 가짜 성을 진짜라고 생각하는 착각, 자기는 성을 다 안다는 오만을 확 흔들어 주어야 한다. 감별사가 위조지폐와 진짜 화폐를 구별하기 위해서 어떤 훈련을 해야 할까? 수많은 가짜 화폐의 종류를 다 외우는 것일까? 아니다. 진짜 화폐의 특징을 확실히 알면 어떤 위조지폐가 있어도 쉽게 분별할 수 있다. 같은 이치다. 어떤 음란물을 보더라도 건강하고 즐거운 성의 그림이 있으면 아이들은 헤쳐 나갈 수 있다. 부모의 말이 기준이 된다. 아이가 음란물을 보더라도 문제의식이 생긴다.[4]

성적 자기 결정권(주체성)을 갖는다는 것

어머니 한 분이 질문을 했다. 맞벌이하는 부모 대신 타지에 사시는 시부모님이 두 아이를 갓난아기 때부터 키워 주셨다고 한다. 아이들은 할아버지, 할머니와 지냈고 부부가 주말이면 시

**나의 경계를 물리적·심리적으로 어디까지
다른 사람에게 허용할 수 있는지, 어느 지점부터
불쾌하게 느껴지는지를 알아차리는 것은 중요한 능력이다.**

댁에 다녀오기를 반복했다. 그러다가 큰아이가 초등학교에 입학하면서 두 아이를 집으로 데려왔고 가끔 시댁을 방문한다. 그런데 어느 날, 초등학교 2학년인 딸이 할아버지, 할머니 댁에 가기 싫다고 했다. 왜 그런지 물어보자 머뭇거리던 딸은 할아버지가 엉덩이를 두드리는 것, 억지로 뽀뽀하는 것이 싫어서라고 대답했다. 이럴 때 부모가 어떻게 해야 하느냐며 그 어머니는 난감해했다.

'사적 경계'는 나 자신을 보호하는 선의 기능을 하는데, 신체적 경계를 침범하는 경우가 종종 발생한다. 가족과 친구는 물론이고 낯선 사람들도 내 경계를 침범할 때가 있다. 우리 문화가 이를 '정'이라고 표현하면서 허용하고 부추기는 면도 있다. 아이들의 경계는 특히 그렇다. 아이가 싫다고 하는데도 억지로 뽀뽀하거나, 손님에게 뽀뽀하라고 시키기도 한다. 아이의 의견은 중요하지 않다. 말 잘 듣는 아이를 만들고 그것을 '예의'라고 가르친다. 이런 행동이 경계를 침범하는 것임을 모르거나 혹은 불쾌감을 표현할 용기를 내지 못하는 것일 수 있다.

나의 경계를 물리적·심리적으로 어디까지 다른 사람에게 허용할 수 있는지, 어느 지점부터 불쾌하게 느껴지는지를 알아차리는 것은 중요한 능력이다. 자기의 감정을 알아차리고 자기가 원하는 바를 인지하려고 노력하다 보면 "여기까지야. 더는 안 돼" 혹은 "조금 천천히 다가오면 좋겠어"라는 식으로 자기 의사를 표현하기가 점점 쉬워질 것이다. 이렇게 용기를 내는 연습을 하다 보면 자존감이 높아진다. 내 몸의 한계를 알아야 내가 진정으로 원하는 것이 무엇인지 알 수 있다.[5] 내게 좋은 것과 좋지 않은 것을 구분할 줄 아는 것이 나를 아끼는 길이다.

앞에서 말한 아이는 잘 자라는 중이다. 불편하다는 자기의 느낌을 알아채고 그것을 솔직하게 말할 수 있다면, 이는 내면이 건강한 증거고 부모와의 관계도 안정적이라는 뜻이다. 물론 할아버지의 입장에서는 아이에 대한 사랑을 표현했을 뿐이라고 볼 수도 있다. 이 사이에서 부모는 어떤 입장을 취하는 것이 좋을까?

먼저 아이가 이만큼 잘 성장한 것을 기뻐하고 축하해 줄 수 있어야 한다. 불쾌하다고 느껴지면 "싫어"라고 말할 수 있는 아이가 나중에 원하지 않는 성적 행동도 거절할 수 있다. "할아버지가 너 예뻐서 그러시는 건데 왜 그래?"라고 아이의 감정을 무시하거나, "싫어도 꾹 참고 할아버지, 할머니께 잘해 드려"라고 강요해서는 안 된다. 아이를 설득하려 하지 말고 시부모님께 아이가 컸음을 설명하고 억지로 뽀뽀를 하거나 엉덩이를 만지는 등의 행동을 하시지 말아 달라고 정중하게 요청하는 것이 올바른 해결 방식이다.

2장에서 말한 대로 두 사람의 스킨십에는 대화와 책임이 필요하다. 대화하고 책임질 수 있는 존재가 되려면 자기 몸에 대한 주체성, 성적 자기 결정권이 필요하다. 성적 자기 결정권이란, "자율적이고 책임 있게 성적 행동을 결정하고 선택할 권리"이자 "자신이 원하지 않는 성적 행위를 거부하고 반대할 수 있는 권리"를 의미한다.[6] 성적인 행동은 성관계만 의미하지 않는다. 가볍게 등을 토닥이고, 손을 잡고, 안고, 뽀뽀하고, 성관계를 하는 것까지 다양한 사랑 표현의 주체로서 책임 있는 행동을 해야 한다.

성관계는 내가 원할 때, 내가 동의하는 방식으로, 준비해서 해야 한다. 상대방이 결정하게 하거나 부모님이나 선생님 혹은 목사님이 결정해 주길 기다리는 것이 아니라 주체로서의 내가 결정하는 것이다. 분위기에 휩쓸리거나(살다 보면 그런 일이 벌어지기도 하겠지만), 더욱이 상대방의 요구에 마지못해 끌려갈 일은 아니다. 내 입장이 정리되어 있어야 상대방에게 구체적으로 요구할 수 있다. 피임은 어떻게 할지, 임신하면 어떻게 대처할지 대화를 나누라. 이렇게 해야 성관계가 좋은 기억으로 남고, 혹시 이별을 하더라도 상처를 최소화할 수 있다.

내 결정이 중요한 만큼 다른 사람의 결정도 중요하다. 인간관계는 결국 각각의 결정 주체가 자기 의견을 제시하고 상대방의 의견을 듣고, 설득과 타협을 통해 최대의 이익을 만들어 내는 협상 과정이라고 볼 수 있다. 이런 능력은 사회생활의 기본이며 인생의 승패를 좌우하는 지침이 되기도 한다. 연애와 결혼 생활은 애정을 기반으로 하는 협상 과정이라는 점에서 독특한데, 애정이 타협과 협상을 쉽게 만들기도 하지만 비현실적 기대로 인해 협상이 어려워지기도 한다.

성적 자기 결정권을 가진 아이로 키우자고 말하면 부모들은 겁을 낸다. 아이들의 성적 충동에 불을 지피지 않을까 우려한다. 판단력이 미숙한 아이가 스스로 결정해서 성적으로 문란해지거나 문제를 일으킬까 봐, 아무하고나 성관계를 해서 임신을 하거나 임신을 시킬까 봐 걱정되는 것이다. 그러니 부모들은 자기 아이가 성에 대해서 순진무구하기를, 아무 짓도 안 하기를 바라게 된다.

그러나 대부분의 전문가는 성폭력의 당사자가 되지 않으려면 "아이가 자신이 원하는 바를 알고, 스스로 잘 표현하는 것이 가장 중요하다"고 입을 모아 말한다. 자기 의사를 잘 표현하려면 싫고 좋은 감정을 파악할 줄 알아야 한다. 그러기 위해서는

대부분의 전문가는 성폭력의 당사자가 되지 않으려면
"아이가 자신이 원하는 바를 알고, 스스로 잘
표현하는 것이 가장 중요하다"고 입을 모아 말한다.

먼저 부모에게 자기 감정을 말할 수 있어야 하고, 표현한 감정을 있는 그대로 인정받는 경험을 해야 한다. 그 감정이 부정적이라 해도 표현하면 수용되는 분위기가 중요하다. 그래야만 다른 사람의 감정과 욕구도 이해할 수 있는 바탕이 생긴다. 자유로운 의사 표현을 할 수 없는 분위기에서 자란 아이가, 성적 위기 상황에 맞닥뜨렸을 때 갑자기 싫다는 표현을 하는 것이 가능할까? 아무것도 결정해 보지 않은 상태에서 갑자기 성적 행동에 대해서만 결정권과 주체성을 발휘할 리 만무하다.

"아이의 결정권을 존중하라"는 말과 '훈육'은 상충되는 것이 아니다. 두 사안은 전혀 다르다. 부모로서 아이를 존중한다는 것이, 아이가 원하는 것을 다 들어주고 아이가 선택하면 다 허용한다는 의미는 아니다. 훈육의 기본 원칙을 한마디로 표현한다면, "마음은 받아 주되 행동은 제한하라"다. 아이의 마음에 귀 기울이는 것이 중요하지만 또 올바른 행동이 무엇인지도 가르쳐야 한다. 그러니 진실로 육아는 예술이다. 자기 자신과 남을 해쳐서는 안 된다는 대원칙 아래에서, 욕구를 조절할 수 있는 자기 통제력을 기르는 게 훈육의 목표다. 무엇을 금지하고 허용할지는 부모마다 조금씩 차이가 난다. 우리 가정에서는 허용되는 사안이 다른 가정에서는 엄격히 금지되기도 한다. 그 반대의 경우도 있다. 나는 금지는 되도록 최소화하는 게 낫다고 생각한다.

어떤 아이로 키울까?

한 지역에서 실시한 '10대 성문화 실태 조사' 결과를 보면, "성에 대해 고민이 생기면 누구와 의논하느냐"는 질문에 12-13세 아이들은 부모를 가장 많이 꼽았다. 성에 관한 지식이나 정보를 얻는 경로는 교사(34%), 부모(24%) 순이었다. 사춘기에 막 진입한 아이들에게 어른들의 성교육이 매우 중요하다는 말이다. 좀더 자세히 살펴보면, 여자 중학생의 경우에도 부모와 성에 대한 고민을 나눈다는 비율이 제일 높았다. 그런데 고등학생은 남녀 모두 친구나 선배라고 대답한 비율이 가장 높았다. 누군가와 이야기 나눌 수 있는 건 그나마 긍정적이다. 고등학생 중에는 "의논하지 않는다"는 대답도 10퍼센트가 넘었다.[7]

특히 눈여겨볼 지점은 "고민이 없다"라고 대답한 절반가량의 청소년이다. 이를 어떻게 해석해야 할까? 귀찮아서 그렇게 대답했거나 고민이 있다고 했다가 괜히 상담을 받으라고 할까 봐 없다고 답했을 수도 있다. 그러나 혹시 어른들이 아이들이 고민하는 모습을 지켜보고 기다려 주지 않거나, 아예 고민하지 못하게 막는 것은 아닌지 우려된다. 혹시 청소년기에 할 법한 모든 고민을 '대학에 간 다음에'라는 말로 미루고 있지는 않을까? 그것도 아무 대학이 아닌 '좋은' 대학에 가서 그때 고민하면 된다고 말하고 있는 건 아닌가 말이다.

청소년기에는 전에 없던 신체 변화들이 생기고, 마음도 소용돌이칠 때가 많다. 친구 관계는 복잡하게 꼬여서 도무지 해결할 방법이 없을 때도 있다. 그런데 어른들은 '대학에 간 다음에' 고민하라고 한다. 정신과 전문의 하지현은 『대한민국 마음 보고서』에서 이 문제를 다룬다. "자녀가 경쟁에서 이기기를 바라는 부모는 아이 대신 최선이라고 생각하는 모든 것을 선택해 줬다. 그 덕분에 아이는 시행착오를 거치지 않고 더 많은 것을 가진 성인이 될 수 있었지만 결정하고 판단하는 능력을 갖출 기회를 놓쳤다. 결국 스스로 생각하지 못하고, 무엇을 결정하지도 모험하지도 못하는 어른이 되어 세상에 나갈 문 앞에 서게 된 것이다. 아이를 위한다는 명분으로 했던 것들이 사실은 아이에게 독이 되어 버린 아이러니한 상황이 연출된 것이다."

이어서 그는 그 무엇도 시도하지 않는 아이들이 늘어났다고 지적한다. "그들의 핵심적 문제는 '아무것도 하지 않는 것'이다. 아무것도 하지 않으니 당연히 질 일도 없다. 이들의 정신승리의 기제는 '지지 않는 것'이다. 한번 붙어서 무승부나 동점이 되는 것이 아니라, 아예 승부를 겨루지 않음으로써 지지 않는 것이다."[8]

자기 아이가 아무것도 하지 않는 무기력한 존재가 되기를 바라는 부모는 없다. 자기 결정권을 가진 아이로 키우려면 평소 일상에서 자기 일을 스스로 해 보아야 한다. 어른들은 아이들이 자신에게 맡겨진 일을 책임지고 자신의 힘으로 할 수 있도록 기회를 주어야 한다. 실패나 성공의 맛도 보고 자기 결정에 대한 책임도 져 보는 사소한 경험, 부모가 대신해 줄 수 없는 아이 본인의 경험이 쌓여야 한다.

사실 아이들은 일상에서 매일 여러 결정을 한다. '게임과 숙제 중에 어떤 것을 먼저 할까?'와 같은 단순하고 반복되는 문제는 순간적 판단으로 결정하기도 한다. 하지만 '어떤 전공을 선택할까?'와 같이 심사숙고해야 하는 사안도 있다. 무조건 이것저것을 하지 말라는 말보다 "그래서 너는 무엇을 원하는데?"라는 질문을 던지는 것이 낫다. 자신이 가진 자원 안에서 최선의 선택을 하는 의사 결정 능력은 성적 행동을 할 때도 중요한 가치다.

어떤 과제를 수행하거나 의사 결정을 하려면 일단 멈춰 서서(Stop) 무엇이 문제인지, 무엇을 하고 싶은지, 결정해야 할 일은 무엇인지 파악해야 한다. 그러고 나서 계획을 세운다. 문제 해결 방법에는 어떤 것이 있을지 생각해 보고(Think) 찾아본다. 또 그 방법을 선택한 경우 어떤 결과가 있을지도 예상해 본다. 그런 다음에 가장 좋다고 생각하는 일, 할 수 있는 일에 집중한다(Go).[9] 부모가 제대로 된 성교육을 하기로 마음먹었다면 다른 어떤 것보다도 이런 주체적 의사 결정을 할 수 있는 존재로 아이를 인정하는 것이 중요하다. 그다음에 일상에서 반복적으로 사소한 의사 결정 훈련을 해 보는 것이다.

나는 고등학생과 청년 강의에서 성관계의 큰 그림을 그려 보는 워크숍 시간을 가진다. 아무 생각도 해 보지 않은 채 성관계를 하는 것은 건강하지도 안전하지도 않다. 만약 어떤 사람과 이런저런 방식의 성적 교감, 나아가 성관계를 가진다면 내 인생에 어떤 일이 벌어질 수 있을지 상상해 보고 현실적으로 따져 보는 것이다. 특히 청소년이 성관계를 가진다면 '몸에는 어떤 영향이 있을까?', '마음에 무슨 일이 벌어질까?', '친구나 가족 관계에 어떤 변화가 생길까?', '학업과 진로에는 어떤 영향을 끼칠까?' 등을 생각해 보게 한다.[10] 이런 숙고의 과정을 거치지 않고 어른들이 무조건 금욕과 금지 명령을 하달하는 것은 설득력이 떨어진다. 스스로 이런 생각을 해 본 고등학생들은 "좋은 섹스란 어떤 섹스일까?"라는 질문에 "준비한 섹스"라고 답을 했다. 나는 이들이 올바른 지식과 정보에 근거해서 최선의 선택을 할 수 있도록 성령님이 그들의 마음을 인도해 주시기를 강의할 때마다 간절히 구한다.

『페미니스트 엄마와 초딩 아들의 성적 대화』의 저자 김서화는 이렇게 말한다. "중요한 것은 역시 어른들의 태도다. 어른들이 아이의 표현을 얼마나 많이 들어 주고 얼마나 '그대로' 수용하며, 나아가 그 아이를 동등한 인격으로 대우하고 있는지가 핵심이다. 그런 조건과 환경에서 성장한 아이일수록 자신의 느낌과 감정을 정확하게 파악하고 또 적확하게 표현할 수 있다. 또한 다른 사람의 감정 혹은 의견과 자신의 것이 충돌하는 상황에서도 명백하게 자기를 표현할 수 있는 역량이 생겨난다. 무엇보다 이런 아이일수록 타인의 부정적인 반응 앞에서도 타협과 절충점을 찾아 자기 스스로를 조율할 수 있다."[11]

학교와 학원과 집으로 짜인 아이의 24시간을 철저히 관리 감독하는 부모들이 있다. 그렇게 해서 아이의 일거수일투족을 통제할 수 있다고 믿는 모양이다. 혹시 그게 가능하다고 하더라도 옳지도 않고 말도 안 되는 일이다. 대학에서 학생들을 가르치는 지인들의 이야기를 들어 보면, 자녀의 시간표를 짜 주고 성적이 마음에 안 들면 찾아와 성적 좀 올려 달라고 부탁하

부모는 아이가 독립적 주체로서 성장하도록
분별력과 판단력을 키워 주는 조력자다.
아이는 아이의 인생을 산다.

는 부모들이 있다고 한다. 어릴 때부터 "너는 공부만 해라. 나머지는 우리가 다 해 줄게"라며 공부 외의 것들을 대신해 주던 습관이 20대 자녀에게로 이어지고 있는 것이다.

나에게 자녀는 어떤 존재인가? 흔들리더라도 자기의 인생을 선택하며 살아가는 개별적 존재인가? 아니면 내 말을 잘 듣고 따라와서 내게 보람을 안겨다 주는 존재인가? 부모는 자녀의 문제를 알아서 대신 결정해 주는 주체가 아니다. 부모는 아이가 독립적 주체로서 성장하도록 분별력과 판단력을 키워 주는 조력자다. 아이는 아이의 인생을 산다. 물론 아이가 실수하고 실패하는 모습을 지켜보는 일은 힘들다. 안타깝고 화도 난다. 하지만 그 시간을 참지 못하고 부모가 대신해 주거나 아예 시도조차 하지 못하게 한다면, 아이는 스스로 할 수 있는 일이 하나도 없을 것이다. 기다려 주고 참아 주는 부모 곁에서 무언가를 해낼 때 아이의 성취감은 배가 된다.

성교육 전문가 구성애는 말한다. 부모가 자녀를 위해 모든 것을 다 해 준다고 해도 도저히 대신해 줄 수 없는 단 한 가지가 있으니 바로 **깨닫는 것**이다. 깨닫는 것은 오로지 자신만이 할 수 있다. 부모나 교사는 깨달을 수 있는 계기를 마련해 줄 수 있을 뿐 자녀 대신 깨달아 줄 수 없다. 멋진 인생을 살려면 많이 깨달아야 하는데 그것은 자녀 혼자서 감당해 가야 할 몫이다.[12]

그리스도인 부모에게 자녀 양육의 목표는 분명하다. 바로 **예수님을 닮은 사람**으로 자라게 하는 것이다. 예수님은 원칙을 존중하셨지만, 사람을 더 중요하게 여기셨다. 바리새인의 위선을 엄하게 꾸짖으시며, 자복하고 회개하는 죄인을 품에 안아 주셨다. 죄를 깨닫게 하시되 상한 심령을 불쌍히 여기셨다. 남자들이 얕잡아 보던 여자들에게 귀 기울이시고 부활의 첫 증인이 되는 영광을 누리게 하셨다. 그리고 마침내 십자가에서 이웃 사랑이 무엇인지 몸소 보여 주셨다. 우리도 예수님처럼 이렇게 살자.

박완서 작가는 『빈방』이라는 작품에서 간결하고도 정제된 언어로 그리스도인답게 사는 삶의 핵심을 꿰뚫는다. 특히 그리스도인이라고 하면서도 욕망으로 가득 찬 부모의 위선을 지적하는 부분에서, 나는 몰래 잘못을 저지르다 들킨 것처럼 얼굴이 화끈거렸다.

아무도, 예수님을 믿는 이조차도, 아기가 장차 예수님을 닮기를 원치 않습니다. 만일 남의 아기를 보고 너 앞으로 예수님처럼 살아라, 하면 덕담이 아니라 악담이 될지도 모르겠습니다. 우리는 어쩌면 남의 아기는 몰라도 내 아기만은 예수님처럼 살까 봐 두려워하고 있는지도 모르겠습니다. 그래서 타고난 아기 예수의 천진성이 꽃피기 전에 잘라 버리려고 작심을 합니다. 얻어맞는 아이가 될까 봐 먼저 때리길 부추기고, 행여 말석에 앉는 아이가 될까 봐 양보보다는 쟁취를 가르치고, 박해받는 이들 편에 설까 봐 남을 박해하는 걸 용기라고 말해 주고, 옳은 일을 위해 고뇌하게 될까 봐 이익을 위해 한눈팔지 않고 돌진하기를 응원합니다. 모든 아기들은 태어날 때 아기 예수를 닮게 태어났건만 예수님을 닮은 어른은 참으로 드뭅니다. 있을 리가 없지요. 우리가 용의주도하게 죽였으니까요.[13]

편하게 이야기 나눌 수 있는 단 한 명의 어른

사람은 누군가를 사랑하고 사랑받고 싶은 갈망을 지닌 존재다. 자기 안에 있는 성적 욕구를 인정하고 때와 장소에 걸맞게 표현하는 자녀로 양육하는 최선의 방법은, 성을 비밀의 성에 꼭꼭 가두어 두는 게 아니라 알고자 하는 만큼 가르치는 것이다. 그러니 성을 어두운 곳에서 구출하자. 일상의 밝은 빛 아래로 데리고 오자. 부모들은 겁내지 말고 자기 아이와 '섹스 토크'를 시작하자. 성에 대해 구체적으로 어떻게 대화해야 하는지 잘 모른다고 겁낼 필요는 없다. 성에 대한 지식이 아무리 풍부하더라도 그 자체로 아름다운 성이 되지는 않는다. 지식과 정보보다 성을 느끼고 대하는 자세와 태도, 말하는 뉘앙스가 더 중요한 요소다.

부모는 아이의 얼굴을 쓰다듬으며 "아이고, 이렇게 예쁜 아기가 어디서 왔나?"라고 말한다. 바로 이 지점에서 섹스 토크는 시작될 수 있다. 시편 기자처럼 우리도 "주께서 내 내장을 지으시며 나의 모태에서 나를 만드셨나이다. 내가 주께 감사하옴은 나를 지으심이 심히 기묘하심이라"(시 139:13-14)라고 고백한다. 하나님은 "세상을 이처럼 사랑하사"(요 3:16) 아들을 화목제물로 내어놓으셨다. 이 정도로 우리는 소중한 존재다. 아이가 소중하고 사랑스러운 존재임을 일상에서 전달해 왔다면 섹스 토크의 순항은 시작된 것이다.

성과 관련해서 가장 큰 적은 침묵이다. 침묵은 금이 아니다. 솔직하고 정확하게, 쉬운 언어를 사용해서 말하자. 아이가 말귀를 알아듣기 시작할 때부터 이야기하자. 집에서 엄마, 아빠부터 이야기하자. 성은 일상생활이다. 성에 대한 아이들의 호기심과 궁금증은 당연하다. 아이들은 그저 궁금할 뿐이다. 양

성과 관련해서 가장 큰 적은 침묵이다.
침묵은 금이 아니다. 솔직하고 정확하게,
쉬운 언어를 사용해서 말하자.

육자들이 자주 범하는 실수가 아이들의 호기심을 선입견을 갖고 바라본다는 점이다. 어른들의 시각에서 호기심을 해석할 때 오해가 발생한다.

"엄마의 아기씨가 아빠의 아기씨와 어떻게 만나요?"라는 질문을 아이가 한다면, 아이는 그게 궁금한 것이다. 궁금증은 알려 주면 해소된다. 한번 가르친다고 끝이 아니다. 아이는 자라면서 자기 눈높이에서 다시 질문을 해 온다. 만약 미취학 아이가 이 질문을 한다면, "너는 어떻게 만날 것 같아?"라고 질문을 돌려주는 것으로 대화를 시작할 수 있다. 이를 통해 아이는 '이런 주제로 엄마, 아빠와 이야기할 수 있구나'라는, 즉 대화의 문이 열려 있다는 점을 알게 된다.[14]

정신과 전문의 김현수는 사춘기에 들어선 10대를 위해 부모가 해 줄 수 있는 조언을 이렇게 요약한다.[15] 첫째, 몸에 이러저러한 변화가 생길 것을 미리 이야기해 주고 안심시키라. 그 변화의 속도는 사람마다 다르니 친구와 비교하면서 슬퍼할 필요가 없다는 것도 알려 주라. 둘째, 그런 변화를 축하해 주고 함께 기뻐하라. 월경을 하는 딸에게는 '초경 파티'를, 몽정을 한 아들에게는 '몽정 파티'를 열어 주는 가족도 있다. 물론 이마저도 아이가 원할 때 하는 것이 좋다. 셋째, 좋아하는 상대가 생길 수 있음을 인정하고 데이트 자체에 대해 교육하라. 이 부분에서 망설이는 부모도 있을 것 같다. 하지만 아이가 부모에게 숨기고 연애를 하는 것이 나을까 아니면 연애에 대해 같이 대화하는 것이 나을까? 부모는 선택해야 한다. 넷째, 몸에 대한 자존감은 인격에 대한 자존감이라고 말해 주어야 한다. 다섯째, 세상에는 음란물이나 여러 건전하지 않은 성적 유혹이 있다는 것도 알려 주라. 이런 반응에 추가해서 '나는 너를 믿고 있다'는 언어적·비언어적 표현을 꾸준하게 해 준다면 아이는 잘해 나갈 것이다. 아이에게 신뢰를 주는 것이 신뢰를 주는 행동을 하도록 만드는 길이다.

하버드 의대 소아과 마크 슈스터 교수는 섹스 토크에 있어 어른의 역할을 강조한다. "청소년들이 대화할 상대가 자기끼리라는 사실이 제일 힘든 것 같습니다. 청소년들에게는 대화를 나눌 어른이 있어야 해요. 적어도 한 명의 어른이 필요합니다. 여러 명이 필요하지도 않아요. 그저 섹스에 대해 **편하게 이야기를 나눌 수 있는 단 한 명의 어른**(저자 강조)이면 됩니다. 그 어른이 부모가 되면 가장 좋은데, 그 방법은 어렵지 않습니다. 끝까지 가르쳐 줄 필요가 없어요. 그저 아이들이 계속 질문을 해

오게끔 하면 됩니다. 다만 아이들과 대화하기를 두려워하지 마세요. 아이들과 소통하는 것, 그리고 아이들에게 우리의 사랑을 전달하는 것, 무슨 일이 있건 우리는 너희 곁에 있을 거라는 사실을 알려 주는 게 중요합니다."[16]

나와 세 딸은 성향이 제각각이다. 세 아이는 각자 하고 싶은 것도 다르고 재능도 다르다. 내가 자란 시대와 아이들의 시대도 확실히 다르다. 부모가 자라던 시대의 가치관으로 아이들을 판단하면 부모 입장에서는 아이들을 도무지 이해할 수 없다. 이해받지 못하는 아이는 부모에게 마음을 닫는다. 아이의 마음을 얻지 못한다면 부모 노릇이 다 무슨 소용인가.

부모 자녀 관계도 결국 인간관계다. 아이와 대화를 나누려면 부모가 먼저 대화 나누고 싶은 사람이 되어야 한다. 어른인 우리도 나의 말은 경청하지 않으면서 지적하고 비판하며 함부로 훈수 두는 사람과는 대화하고 싶지 않다. 아이도 마찬가지다. 부모들의 이야기를 듣다 보면 간혹 다른 사람이 본인에게 했다면 싫어했을 말과 행동을 자녀에게는 아무렇지도 않게 하는 걸 종종 목격한다. 아이와 관계가 힘들다면, 인간관계의 기본 원리를 떠올려 보길 바란다. 다른 사람과 좋은 관계를 맺으려면 상대방의 말을 경청해야 한다. 성급하게 판단하거나 비난해서는 안 되며, 자신의 생각을 강요하지 않아야 한다. 특히 사춘기 이후부터는 아이를 동료 인간으로 여기고 아이 옆에 **괜찮은 사람**으로 머물러 주면 된다. 아이를 밀어내지 않고 내 쪽으로 끌어당겨 대화를 이어 나가는 것이 이기는 방법이다.

이 책을 쓰는 동안, 큰딸이 결혼을 했고 막내딸은 1년 넘게 사귀던 남자친구와 헤어졌다. 딸들의 연애를 가까이에서 지켜보면서 섹스 토크를 하는 일은 매우 특별한 경험이다. 딸들과 대화를 나누면서, 자녀를 독립적 인격으로 대하는 것이 무엇을 의미하는지 깊이 깨닫는다. 아이는 내 것이 아니라는 사실, 부모 자녀 사이에도 건강한 거리를 유지해야 오래 좋은 관계로 이어진다는 것을 실감한다.

생각보다 많은 사람이 성과 관련한 다양한 상처를 가지고 있다. 부모 자신부터 숨기고 살아온 상처가 있다면 그것을 직면하고 풀어내면 좋겠다. 또 배우자와의 성생활에 문제가 있거나 불만족스러우면 아이들과 성에 대해 말하기가 어려울 수 있다. 앞에서도 말했듯이 성은 몸과 마음과 관계의 역학이어서, 부부의 성생활을 개선하려면 이 세 측면을 모두 살펴보아야 한다. 몸과 마음과 관계의 문제가 제각기 떨어져 있지 않고 얽히고설킨 상황일 수 있다.

배우자와의 성생활이 불만족스럽다고 대답한 부부들의 경우, 가장 많은 이유가 '피로해서'였다.[17] 피로를 푸는 데 성관계가 도움이 되지만, 몸이 피로하면 성관계가 꺼려지는 것도 사실이다. 발기부전, 조루, 불감증 같은 몸의 문제는 전문의의 검진을 통해 원인과 치료법을 찾을 수 있다. 배우자와 해결하지 못한 갈등이나 상처가 마음에 남아 있으면 성생활이 원만할 수 없으므로, 이런 마음의 문제는 심리상담사나 정신과 전문의의 도움을, 관계의 문제는 부부 상담이나 가족 치료 등의 도움을 받을 수도 있다.

커플 상담치료사 린다 캐럴(Linda Carrol)은 말한다. "가장 중요하고도 어려운 성적 과제는 이런저런 잠자리 문제를 해결하는 것이 아니라 오히려 소중한 인간적 자아를 있는 그대로 인정하고 받아들이는 법을 배우는 일 아닐까?"[18] 인간이 지닌 한계를 너그럽게 인정하면 비로소 배우자에게 돌아갈 방법이 보일 수도 있다. 그럼에도 포기하지 않아야 할 기준은 있다. 차별과 폭력이 일상적으로 자행되는 관계에서는 성적 만족이 결코 있을 수 없다.

사람은 다양하다. 성적으로 빨리 흥분하는 사람도 있지만 좀처럼 뜨거워지지 않는 사람도 있다. 내 배우자는 성적으로 어떤 유형의 사람인가? 배우자와 나의 차이를 이해하고 잘 다루는 것이 성적 만족을 얻는 길이다. 나는 나의 배우자와만 잘 맞추면 된다. 우리 부부의 성생활이 다른 부부와 같지 않다고

**인격적으로 존중받는 관계,
나아가 피차 나보다 상대방을 낮게 여기는 관계에
들어설 때 부부의 성생활은 가장 만족스럽다.**

좌절할 필요는 없다. 우리는 우리의, 그들은 그들의 부부 생활을 해 나가는 것이다. 스무 살의 애정과 쉰 살의 애정은 분명히 다르다. 결혼 생활이 길어지면 부부의 애정 표현에도 변화가 생긴다. 열광적 성관계로 애정을 표현하는 시기도 있고 손을 잡는 것만으로 충분한 때도 있다. 나는 배우자에 대해, 또 그와의 성생활에 대해 어떤 기대를 가지고 있는가? 인격적으로 존중받는 관계, 나아가 피차 나보다 상대방을 낮게 여기는 관계에 들어설 때 부부의 성생활은 가장 만족스럽다.

우리는 모두 성장하는 과정에 있다

우리는 사랑하는 사람과 성적 교감을 나누며 몸과 영혼이 친밀하게 연결되는 경험을 한다. 남녀의 성관계로 독자적인 한 사람이 세상에 태어난다. 성적 행동은 사랑과 생명과 손을 잡고 인생을 아름답게 수놓는다. 우리는 사랑의 완성으로서 성관계를 맺고, 안전하고 건강한 성관계는 가정을 든든하게 세우는 데 기여한다. 하지만 우리 인생이 그러하듯 사람의 성은 아름답다가도 한순간에 나락으로 빠지기도 한다. 세상이 죄와 타락으로 산산이 부서졌듯 성도 어그러지고 빛을 잃었다. 그리스도인들도 차별과 폭력으로 고통당한다. 그래서 주님의 은혜가 필요하다.

섹스든 젠더든, 성은 단번에 달성해야 하는 과업이 아니라 평생에 걸쳐 성장하는 과정이다. 세월의 흐름에 따라 우리 몸은 늙는다. 노화는 피할 수 없는 운명이고 몸의 변화에 따라 마음과 관계에도 변화가 온다. 쉰 살을 전후해 갱년기가 찾아오면 사춘기 못지않은 몸과 마음의 변화를 겪는다. 기존에 있던 것들이 사라지는 상실감에 맞닥뜨린다. 우리는 이전에 한 번도 살아 보지 못한 오늘을 살고 있다. 오늘의 삶에서도 뭔가 배울 것이 있다. 사람은 죽을 때까지 배우고 성장하는 존재다. 지금은 부분적으로 알고 부분적으로 예언하지만 온전한 것이 올 때 부분적인 것은 사라질 것이다. 어릴 때는 어린아이처럼 말하고 깨닫고 생각하였으나, 어른이 되어서는 어렸을 때의 일을 버릴 것이다(고전 13:9-11). 그러나 사랑은 언제까지나 없어지지 않는다는 약속의 말씀에 가장 큰 소망이 있다.

온라인에서 여자아이들이 신체 일부를 찍은 영상을 제공하고 상품권 등을 대가로 받는 일들이 있다. 이런 일이 일어나는 이유에 대해 딸아이는 말했다. "그렇게 해서라도 사랑받고 싶

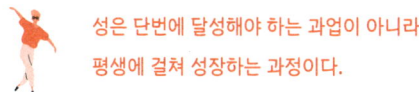
성은 단번에 달성해야 하는 과업이 아니라
평생에 걸쳐 성장하는 과정이다.

은 거잖아요. '네가 예쁘다, 너를 사랑한다'는 말을 듣고 싶어서라고요." 돈을 벌기 위한 목적도 있지만, 애정에 대한 이 같은 갈구는 '자존감'의 중요성을 역설적으로 보여 준다. 자존감이란 '자신을 소중하게 생각하고 존중하는 마음'이다. 자존감이 높은 사람은 다른 사람의 요구대로 해 줘야 착한 사람이 아니고, 연예인의 외모와 비슷해야 사랑스러운 존재가 되는 것이 아니며, 내가 원하지 않으면 거절할 줄 아는 것이 진정한 자기 사랑임을 알고 있다.

자존감은 굉장히 일찍부터 내면에 뿌리를 내린다. 일차적으로 부모를 비롯해 아이를 둘러싼 사람들의 돌봄과 애정 속에서 형성된다. 충분한 사랑을 받은 아이는 자신을 귀하게 여길 줄 알고 사랑받을 만한 존재임을 인식하게 된다. 이렇게 소중한 내가 하찮은 존재로 살면 안 되겠구나 생각한다. 자기의 감정을 다스릴 줄 알게 되고 성관계같이 중요한 결정을 충동적으로 하면 안 된다는 것을 배운다.

그 반면 "내가 너 때문에 이 고생을 한다"는 부모의 말을 들으면서 자라는 아이는 자기 존재가 '민폐'가 되어 버린다. 자기가 원해서 태어난 것도 아닌데 부모에게조차 민폐가 된다는 생각을 하면 굉장히 초라해진다. 자기를 별 볼일 없는 존재, 있으나 마나 한 존재로 인식한다. 이런 아이는 무기력하고 생기가 없다. 다른 이들의 눈치를 보거나 누군가의 비위를 맞추기 위해 안간힘을 쏟는다. 실수나 실패를 했을 때 깨치고 일어설 힘이 생기지 않는다.

어려운 환경에서도 잘 성장해서 어려운 이웃에게 사랑을 베풀면서 사는 사람들이 있다. 그들은 공통적으로 주변에 그 사람의 마음을 들어 주고 무조건적으로 이해해 준 사람이 (적어도 한 명은) 있었다고 말한다. 부모라는 존재는 기꺼이, 기쁘게 그런 사람이 되어 줄 수 있다. 교회 공동체의 어른들이 혹은 공동체의 형제자매들이 이런 역할을 해 줄 수 있어야 한다. 내적 안정감이 실패를 딛고 일어나게 해 주는 동력이 되기 때문이다.

신학자 스탠리 하우어워스(Stanley Hauerwas)는 친구의 아들에게 그런 좋은 어른이 되어 주었다. 그는 친구의 부탁을 받아 그의 아들에게 2002년부터 15년간 매년 편지를 썼다. 그 편지들이 『덕과 성품』(IVP)이라는 책으로 나왔다. 그는 그리스도인으로 사는 데 중요한 덕목을 소개하며 편지를 받는 아이를 따뜻한 문체로 다독인다. 그가 좋은 삶의 바탕이라고 소개한 미덕은 '자비, 진실함, 우정, 인내, 소망, 정의, 용기, 기쁨, 단순함, 한

결같음, 겸손(과 유머), 절제, 너그러움, 믿음'이다. 우리도 이렇게 내 편에서, 내가 좀더 나은 선택을 하도록 지지해 준 사람(들) 덕분에 여기까지 오지 않았는가.

우리는 이미 왔으나 아직 오지 않은 하나님 나라에서 살고 있다. 우리는 흠결이 없는 존재가 아니다. 실수하고 실패를 겪는다. 그 사실을 주님도 아셨기에 "만일 우리가 우리 죄를 자백하면 그는 미쁘시고 의로우사 우리 죄를 사하시며 우리를 모든 불의에서 깨끗하게 하실 것"(요일 1:9)이라고 우리를 격려하신다. 또한 "우리에게 있는 대제사장은 우리의 연약함을 동정하지 못하실 이가 아니요 모든 일에 우리와 똑같이 시험을 받으신 이"(히 4:15)시다. 우리에게는 상처받은 마음을 쓰다듬고 위로하시는 하나님의 지치지 않는 사랑이 있다. 예수님은 우리를 고아와 같이 버려두지 않겠다고 약속하셨다(요 14:18). 또한 의로우신 주님은 경건한 사람을 시련에서 건져내시고, 불의한 사람을 벌하셔서 심판 날까지 가두어 두실 것이다(벧후 2:9). 그날이 올 때까지 "우리가 서로 사랑하면 하나님이 우리 안에 거하시고 그의 사랑이 우리 안에 온전히 이루어"(요일 4:12)질 것이다.

핵심 메시지

1. 디지털 기기에 익숙한 자녀들과 대화할 수 있는 통로를 항상 열어 놓아야 한다. 또한 아이에게 어느 정도 자율성을 허락하면서도, 만일의 사태에 대비해야 한다.

2. 인간관계에서 내가 원하는 바를 알고 잘 표현하는 것은 중요하다. 성적인 표현에서 '자기 결정권'은 자율적이고 책임 있게 성적 행동을 결정하고 선택할 권리이자, 원하지 않는 성적 행위를 반대하고 거부할 수 있는 권리를 말한다.

3. 성은 단번에 달성해야 하는 과업이 아니라 평생에 걸쳐 성장하는 과정이다. 나이가 들면 몸은 변해 가고, 마음과 관계의 변화도 따라온다. 오늘의 삶에서 무언가를 배우자.

함께 생각해 볼 질문

1. 다음 세대에게 꼭 알려 주고 싶은 성교육 내용은 무엇인지 정리해 보자.

2. 당신은 주체적으로 당신의 삶을 살고 있는가? 주체적이지 못하게 만드는 이유가 있다면 무엇인가?

3. 아이와 대화를 나누려면 부모가 먼저 대화 나누고 싶은 사람이 되어야 한다. 대화를 나누고 싶은 사람이란 어떤 사람일까?

주

1장 우리는 모두 성적인 존재다

1 구성애, 『니 잘못이 아니야…』(올리브M&B), 169쪽.
2 리사 맥민, 『성 거룩한 갈망』(IVP), 315쪽.
3 배정원, 『섹스 인 아트』(한언출판사), 80쪽.
4 김현수, 『중2병의 비밀』(덴스토리), 135쪽.
5 리사 맥민, 앞의 책에서 재인용, 324쪽.

2장 있는 모습 그대로: 섹스란 무엇인가? - 성별과 정체성

1 EBS 육아학교, 〈최안나의 엄마 성 아이 성〉을 참고하라.
2 테스토스테론만이 성별을 결정하는 요인은 아니다. 더 자세한 사항을 알고 싶으면 '성 분화'(sexual differentiation)에 대해 공부해 보라.
3 배정원, 『니 몸, 네 맘 얼마나 아니?』(팜파스, 2015), 50쪽.
4 푸른아우성, 『아우성 빨간책: 여자 청소년 편』(올리브M&B, 2018), 45쪽.
5 폴 브랜드·필립 얀시, 『아무도 원하지 않는 선물』(비아토르, 2019), 132쪽.
6 크리스티아 스피어스 브라운, 『핑크와 블루를 넘어서』(창비, 2018), 171쪽. 본문에 인용한 '생후 4개월경부터 사춘기까지'라는 표현은 '생후 4개월경부터 사춘기가 시작되기 전까지'라고 해야 보다 정확하다.
7 앤 무어·데이비드 제슬, 『브레인 섹스』(북스넛, 2009), 171쪽.
8 배정원, 『여자는 사랑이라 말하고, 남자는 섹스라 말한다』(한언출판사, 2010), 23쪽.
9 민디 마이어, 『데이트, 그렇게 궁금하니?』(IVP, 2008), 47쪽.
10 이슬비, "'남자도 여자도 아닙니다' 이들을 위한 독일의 선택",「국민일보」 2019년 1월 6일.
11 안드로겐 불감성 증후군은 환자의 체내에 존재하는 남성 호르몬 수용체에 이상이

생겨 남성으로의 분화 및 발달에 장애를 초래함으로써 외형 및 외부 생식기가 여성화되는 질환이다.

12 하남직, "세메냐 "호르몬 낮추는 약물 투약 안 해…육상도 포기 안 해"", 「연합뉴스」 2019년 5월 4일.
13 스브스뉴스, "남자도 여자도 아닌 제3의 성, 인터섹스(intersex, 간성)", 「SBS뉴스」 2019년 1월 3일.
14 윌리엄 로더 외, 『동성애에 대한 두 가지 견해』(IVP, 2018), 112쪽.
15 월드리포트, "남성도 여성도 아닌, 그 사이", 「MBC뉴스」 2017년 2월 19일.
16 대한적십자사 Rh- 봉사회전국협의회(http://rh.or.kr)를 참고하라.
17 BBC News 코리아, "인터섹스: 자신이 '간성'이라는 것을 40대에 알게 된 여성", 2020년 2월 22일.
18 정희진 엮음, 『양성평등에 반대한다』(교양인, 2016), 40쪽.
19 코델리아 파인, 『테스토스테론 렉스』(딜라일라북스, 2018), 97쪽.
20 제인 폰다, 『돌직구 성교육』(예문아카이브, 2016), 209쪽.
21 EBS 〈대한민국 화해 프로젝트 용서〉, "트렌스젠더 문채은과 그의 어머니", 2013년 4월 25일.
22 강동우, "동성애와 동성애 경향", 「중앙일보」 2010년 8월 16일.
23 정희진 엮음, 앞의 책, 37쪽.
24 리사 맥민, 앞의 책, 168쪽.
25 리사 맥민, 앞의 책, 167쪽.
26 제인 폰다, 앞의 책, 209-210쪽.
27 리사 맥민, 앞의 책, 169-170쪽.
28 카롤린 엠케, 『혐오 사회』(다산초당, 2017), 62쪽.
29 한나 로신, "공감 능력의 어두운 면", 「뉴스페퍼민트」 2019년 4월 22일.
30 구정우, 『인권도 차별이 되나요?』(북스톤, 2019), 169쪽.
31 잭 로저스, 『예수, 성경, 동성애』(한국기독교연구소, 2015), 324쪽.
32 월터 윙크 엮음, 『동성애와 기독교 신앙』(무지개신학연구소, 2018), 49쪽.
33 연분홍치마, 『3×FtM: 세 성전환 남성의 이야기』(그린비, 2008).
34 월터 윙크 엮음, 앞의 책, 18쪽.

3장 몸의 사랑과 관계의 소통: 섹스란 무엇인가? – 성관계

1. 강동우·백혜경, "사랑의 묘약, 옥시토신", 「중앙일보」 2012년 2월 12일.
2. 정재승, "옥시토신 코에 뿌리고 연애지수 높여 볼까", 「한겨레」 2016년 6월 3일.
3. 배정원, 『똑똑하게 사랑하고 행복하게 섹스하라』(21세기북스, 2014), 31쪽.
4. 배정원, 앞의 책, 32쪽.
5. 김서연, "국민 절반 이상 "결혼은 선택" 2018년 사회조사", 「파이낸셜뉴스」 2018년 11월 6일.
6. 이상원·정재영·송인규, 『교회의 성(性), 잠금 해제?』(IVP, 2014).
7. 민디 마이어, 앞의 책, 182쪽에 나온 폴 리틀의 "하나님의 뜻을 알려면"을 재인용.
8. 박혜란, 『결혼해도 괜찮아』(나무를 심는 사람들, 2015), 96쪽.
9. 리사 맥민, 앞의 책, 179쪽.
10. CBS 〈세상을 바꾸는 시간, 15분〉, 563회 김지윤의 "서로 잘 만지고 계신가요?", 792회 양동옥의 "성적 욕구를 표현하는 서로 좋은 방법", 912회 윤홍균의 "사랑이 오래 가는 비밀" 등을 참고하라.
11. 손경이, 『당황하지 않고 웃으면서 아들 성교육 하는 법』(다산에듀, 2018), 239쪽.
12. 서울아산병원(amc.seoul.kr) 인체 정보.
13. 김고연주, 『조금 다른 아이들, 조금 다른 이야기』(이후, 2011).
14. 로빈 삭스, 『누가 양의 탈을 쓴 늑대일까』(W미디어, 2013).
15. 백소영, 『페미니즘과 기독교의 맥락들』(뉴스앤조이, 2018), 194쪽.
16. 강동우·백혜경, "아들의 자위", 「중앙일보」 2013년 1월 26일.
17. 건강한 자위법에 대해서는 유튜브 '푸른아우성'이나 '딸바 TV'를 참고하라.
18. 박성은·황연주, "10대 성관계 쉬쉬하는 게 답일까", 「연합뉴스」 2019년 2월 24일.
19. EBS 육아학교, 〈최안나의 엄마 성 아이 성〉 시청을 권한다.
20. 한국보건사회연구원, "인공 임신 중절 실태 조사(2018년)."
21. 이에스더·황수연, "최악 땐 자궁 들어내는데…불법 낙태약 먹고 응급실 간 10대", 「중앙일보」 2019년 7월 28일.
22. 장일호, "'낙태죄' 폐지로 여성의 몸 잠금 해제", 「시사IN」 2019년 3월 13일.
23. 김동섭·손호영, "낙태 처벌 강화…의사들 "수술 거부" 반발", 「조선일보」 2018년 8월 28일.
24. 정유경, "'가임기 여성 지도' 이렇게 탄생했다", 「한겨레」 2017년 1월 11일.
25. 리사 맥민, 앞의 책, 219-225쪽을 참고하고 인용.

26 박슬기, "낙태죄 헌법 불합치, 진짜 '싸움'의 서막을 열었다", 「오마이뉴스」 2019년 5월 2일.
27 임기창, "'낙태죄 헌소 기각해야' 헌재 선고 앞두고 종교계 등 집회", 「연합뉴스」 2019년 4월 6일.

4장 젠더와 감수성

1 이해진, 『청소년을 위한 양성평등 이야기』(파라주니어, 2016), 43쪽.
2 최진주, "'딸 하나는 있어야' 44%… 아들 선호의 2배", 「한국일보」 2018년 5월 3일.
3 코델리아 파인, 『젠더, 만들어진 성』(휴머니스트, 2014), 297쪽.
4 김수희, "뽀로로 안에 성차별 있다", 「여성신문」 2014년 2월 12일.
5 에머 오툴, 『여자다운 게 어딨어』(창비, 2016), 115쪽.
6 2018년 한국양성평등교육진흥원에서는 젠더 렌즈로 남자와 여자를 판단하는 언어들을 묶어서 동영상을 만들었다. 미취학 아동에서부터 노인에 이르기까지 본인들이 들어 보았고 듣기 싫었던 젠더 고정 관념을 나열하는 동영상이다. 유튜브에서 "남자라서, 듣고 싶지 않은 말 50가지"와 "여자라서, 듣고 싶지 않은 말 55가지"를 검색해 보라.
7 로빈 라일, 『젠더란 무엇인가』(한울, 2018), 198쪽.
8 김고연주, 『나의 첫 젠더 수업』(창비, 2017), 44쪽.
9 김백애라·정정희, 『거침 없는 아이, 난감한 어른』(문학동네, 2011), 54쪽.
10 제시카 베이트먼, "당신의 아이폰이 성차별을 강화시킨다면?", 「허프포스트」 2018년 5월 21일.
11 김명희, 『당신이 숭배하든 혐오하든』(낮은산, 2019), 83쪽.
12 김민섭, 『훈의 시대』(와이즈베리, 2018).
13 나는 한국양성평등교육진흥원에서 2017년과 2018년에 미디어모니터링 활동을 하면서 이런 사례를 다수 확인했다.
14 김민섭, 앞의 책, 65쪽.
15 임재희, "'하루 45분'…한국 남성 가사분담률 OECD 최하위", 「중앙일보」 2017년 7월 3일.
16 손해용, "출산율 0.98명 '최악 저출산'…韓, 세계 첫 0명대 국가 됐다", 「중앙일보」 2019년 2월 27일.
17 서한기, "'남편 돈 벌고 아내 가족 돌본다' 국민 10명 중 7명 '동의 안 해'", 「연합뉴

스」 2019년 6월 24일.
18 게리 토마스, 『연애학교』(CUP, 2014), 14장을 참고하라.
19 강남순, "'양성평등'과 '성평등'은 다른가요?", 「고래가 그랬어」 2019년 2월호.
20 김백애라·정정희, 앞의 책, 58쪽.
21 EBS 〈지식채널e〉, "모든 사람 2부-차별의 발견"
22 박상현, "국민 MC 송해, 아동 성추행?", 「조선일보」 2017년 4월 13일.
23 이민정, "'잠자는 숲 속의 공주, 성폭력 조장'…동화로 확산된 미투 캠페인", 「중앙일보」 2017년 11월 24일.
24 민나리, "'선녀와 나무꾼' 누가 나쁠까…성평등 교실, 아이들이 달라졌다", 「서울신문」 2018년 6월 26일.
25 최유리, "페미니즘을 사랑하시는 하나님", 「뉴스앤조이」 2017년 3월 16일.
26 최유리, "교회 내 성폭력, 이렇게 대처하세요", 「뉴스앤조이」 2017년 2월 20일.
27 주한나(양파), 『여혐민국』(베리북, 2017), 355쪽.
28 엠버, 2016년 4월 20일. https://twitter.com/ajol_llama/status/722599338392694785?s=20(2020년 10월 14일 접속함).

5장 차이, 차별, 폭력

1 로빈 월쇼, 『그것은 썸도 데이트도 섹스도 아니다』(일다, 2015), 44쪽.
2 로빈 라일, 앞의 책, 40쪽.
3 앤 무어·데이비드 제슬, 앞의 책, 143쪽.
4 강동우·백혜경, "결혼 생활서 여성이 제일 조심할 것 '비난', 男은…", 「중앙일보」 2013년 1월 13일.
5 김종성, "여자와 남자의 뇌량 차이", 「브레인미디어」 2010년 12월 22일.
6 윤태희, "남녀는 서로 뇌가 다르다…성별 간 뇌 차이, 태아기부터 시작", 「서울신문」 2019년 3월 26일.
7 코델리아 파인, 앞의 책, 210쪽.
8 곽래건·김은중, "여성 경찰이 취객 제압 못했다고… "여경 다 없애라"는 사람들", 「조선일보」 2019년 5월 20일.
9 코델리아 파인, 앞의 책, 237쪽.
10 김서화, 『페미니스트 엄마와 초딩 아들의 성적 대화』(일다, 2018)를 참고하라.
11 김명희, 앞의 책, 19쪽.

12　'서울시 청소년 성 문화 연구 조사'는 2004년부터 실시하여 2013년까지 총 4회 실시하였다. 아하!서울시립청소년성문화센터 블로그(https://ahacenter.tistory.com/410) 내용을 참고하라.
13　이상원·정재영·송인규, 앞의 책, 134쪽.
14　EBS 〈부모-이슈N맘〉, "부모가 꼭 알아야 할 우리 아이 눈높이 성교육!", 2015년 12월 16일.
15　페기 오렌스타인, 『아무도 대답해 주지 않은 질문들』(문학동네, 2017), 312쪽.
16　페기 오렌스타인, 앞의 책, 314쪽.
17　CBS 〈세상을 바꾸는 시간, 15분〉, 792회 양동옥의 "성적 욕구를 표현하는 서로 좋은 방법"을 참고하라.
18　스브스뉴스, "10년 전 한국 드라마 다시 보기", 2018년 4월 4일.
19　박광수, "성폭력 가해자 60% '아는 사람'…피해자 93%가 여성", 「중앙일보」 2018년 4월 9일.
20　로빈 월쇼, 앞의 책.
21　한국성폭력상담소, 『보통의 경험』(이매진, 2011), 86쪽.
22　정희진 외, 『지금 여기의 페미니즘×민주주의』(교유서가, 2018), 18쪽.
23　박광수, 앞의 기사.
24　잭슨 카츠, 『마초 패러독스』(갈마바람, 2017), 36쪽.
25　'무고죄'란, 남에게 형사 처분 또는 징계 처분을 받게 할 목적으로 허위 사실을 날조하여 경찰서나 검찰청 등에 고발함으로써 성립하는 죄를 말한다.
26　이재은, "성범죄 중 '무고'가 40%나 된다고?", 「머니투데이」 2018년 7월 10일.
27　천관율, "한국 사회 흔든 '성인지 감수성'", 「시사IN」 2019년 3월 4일.
28　구정우, 앞의 책, 133쪽.
29　구정우, 앞의 책, 139쪽.
30　김고연주 외, 『페미니즘 교실』(돌베개, 2019), 116쪽.
31　김서현, ""아저씨랑 비밀친구 할래?" 한국은 처벌 안 해", 「여성신문」 2019년 8월 1일.
32　김백애라·정정희, 앞의 책, 5장을 참고하라.
33　아하!서울시립성문화센터, 「또래 간 성폭력 문화 개선을 위한 청소년 100인 원탁토론회 자료집」(여성가족부, 2015), 8쪽.
34　푸른 아우성, 『아우성 빨간책: 남자 청소년 편』(올리브M&B, 2017), 93-101쪽.

35 이나영 외, 『모두를 위한 성평등 공부』(프로젝트P, 2020), 274-275쪽.
36 JTBC 〈아는 형님〉, 2018년 2월 3일.
37 JTBC 디지털 사회 고발 채널 〈트리거〉, "직박구리가 알려주는 야동 보는 법", 2018년 10월 2일.
38 유원정, "성범죄가 유머 코드? 폐지론 휩싸인 예능들", 「노컷뉴스」 2019년 3월 17일.
39 김선호, "여친 성관계 동영상 유출한 '리벤지 포르노' 대학생 집유", 「연합뉴스」 2018년 8월 15일.
40 임순현, "보기만 해도 처벌되는 '불법 촬영물' 범위가 모호하다?", 「연합뉴스」 2020년 5월 4일.
41 김태현, "성희롱도 꼼꼼하게?…화면 띄워 놓고 '얼평' 한 서울교대", 「국민일보」 2019년 3월 23일.
42 연예팀, "'폭풍 성장' 추사랑, 5살에 완성된 모델 비율", 「서울신문」 2017년 5월 29일.
43 이보라, "'소녀는 '여자'가 돼야 했다'…배스킨라빈스 광고, 진짜 문제는", 「경향신문」 2019년 7월 12일.
44 이재호, "디지털 성범죄 피해자 60%는 10대…경찰 '예방 활동 강화하겠다'", 「한겨레」 2020년 7월 2일.
45 전성훈, "성범죄 가해자·피해자 모두 고령화", 「연합뉴스」 2016년 9월 18일.
46 김기훈, "전체 범죄 줄지만 성범죄는 증가…지난해 2만 4천 건 8%↑", 「연합뉴스」 2018년 7월 31일.
47 전미옥, "폭력 94.3% 남성이 가해자…신체적 폭력 절반 이상", 「쿠키뉴스」 2019년 3월 9일.
48 이보라, "성불평등 지수 10위·성격차 지수 108위…한국, 큰 격차 왜", 「경향신문」 2019년 12월 22일.
49 박기묵·김나연, "한국 성평등, 118위 vs 10위… 진실은?", 「노컷뉴스」 2018년 10월 9일.
50 2018년 아하!서울시립청소년성문화센터가 실시한 '성폭력에 대한 청소년 성인식 실태 조사'에서, '모든 남자를 성폭력 가해자로 보는 것 같다'는 질문에 남자 청소년 49.3퍼센트가 '그렇다'고 답했고, 26.6퍼센트가 '그렇지 않다'고 답했다.
51 아하!서울시립청소년성문화센터, "2018 남자 청소년 성교육 세미나", 2018년 11월 29일.
52 한채윤, "남자 청소년이 주체가 되는 성교육의 가능성은?", 「백래시에 휩싸인 남자

청소년을 위한 성교육 대안 모색」(아하!서울시립청소년성문화센터, 2018), 58쪽.
53 장덕현, 『혐오와 인권』(풀빛, 2019), 112쪽.
54 한기봉, "딸바보와 바보아빠", 「우먼타임스」 2018년 6월 13일.

6장 어떤 사랑이 될 것인가?

1 여성가족부, "2016년 청소년 매체 이용 및 유해 환경 실태 조사 분석 보고서", 2017년 5월 2일.
2 알다 T. 울스, 『아이와 싸우지 않는 디지털 습관 적기 교육』(코리아닷컴, 2016).
3 한국언론진흥재단에서 발행하는 웹진 「미디어 리터러시」를 참고하라.
4 푸른아우성, 『아우성 빨간책: 남자 청소년 편』, 63-64쪽.
5 앤 마를레네 헤닝·티나 브레머-올제브스키, 『스무 살 전에 알아야 할 성 이야기』(예문, 2013), 88-93쪽.
6 김고연주, 앞의 책, 65쪽.
7 황연실, "용인시 아동·청소년 성에 대한 생각… 10명 중 8명은 '긍정적 인식'", 「용인시민신문」 2017년 2월 8일.
8 하지현, 『대한민국 마음 보고서』(문학동네, 2017), 20쪽.
9 이규영, 『중학교 라이프 스킬로 배우는 성톡톡』(중앙대학교출판부, 2019), 2단원을 참고하라.
10 이규영, 앞의 책, 3단원을 참고하라.
11 김서화, 앞의 책, 210쪽.
12 구성애, 앞의 책, 177쪽.
13 박완서, 『빈방』(열림원, 2016), 18-19쪽.
14 책 뒷부분 '참고 도서'에 동화책 목록을 정리해 두었다. 유아들에게 읽어 줄 수 있는 책부터 초등학생들이 스스로 읽을 수 있을 만한 책들이다. 아이와 함께 읽으면서 동화책 내용을 토대로 성 이야기를 할 수 있다.
15 김현수, 앞의 책, 136-137쪽을 참고하라.
16 EBS 〈아이의 사생활2〉 제작팀, 앞의 책, 60쪽.
17 신성식·정종훈, "피곤한 한국인…부부 35%가 월1회 이하 '섹스리스'", 「중앙일보」 2016년 6월 29일.
18 린다 캐럴, 『부부, 다시 사랑하다』(을유문화사, 2015), 157쪽.

참고 도서

〈아이들을 위한 그림책〉

-섹스

*꼬리 없는 정자, 뚱키와 뿡키   뤼카 살로몽(글·그림), 나무처럼
*나는 나의 주인   채인선(글), 안은진(그림), 토토북
*너의 몸을 사랑하는 방법   제시카 샌더스(글), 캐롤 로세티(그림), 북멘토
*슈퍼 히어로의 똥 닦는 법   안영은(글), 최미란(그림), 책읽는곰
*엄마, 나는 어디서 왔어요?   마리-프랜신 허버트(글), 달시 라브로스(그림), 세발자전거
*엄마가 알을 낳았대!   배빗 콜(글·그림), 보림
*왜 난 엄마 아빠를 닮았을까요?   윤소영(글), 김동훈(그림), 웅진주니어
*우리 몸은 대단해   식룬 다니엘스도티(글), 비요크 비야르카도티(그림), 푸른숲주니어
*이상한 곳에 털이 났어요!   배빗 콜(글·그림), 삼성당아이

-젠더

*과학자 에이다의 대단한 말썽   안드레아 비티(글), 데이비드 로버츠(그림), 천개의바람
*그레이스는 놀라워!   메리 호프만(글), 캐롤라인 빈치(그림), 시공주니어
*남자가 울고 싶을 땐   존티 홀리(글·그림), 불의여우
*내 멋대로 공주   베빗 콜(글·그림), 비룡소
*돼지책   앤서니 브라운(글·그림), 웅진주니어
*루비의 소원   시린 임 브리지스(글), 소피 블래콜(그림), 비룡소
*메리는 입고 싶은 옷을 입어요   키스 네글리(글·그림), 원더박스
*바보처럼 잠만 자는 공주라니!   이경혜(글), 박아름(그림), 바람의아이들

*분홍 원피스를 입은 소년 앤 파인(글), 필리페 뒤파스퀴어(그림), 비룡소
*산딸기 크림봉봉 에밀리 젠킨스(글), 소피 블래콜(그림), 씨드북
*아빠는 페미니스트 론다 리트(글), 메건 워커(그림), 봄나무
*야, 그거 내 공이야! 조 갬블(글·그림), 후즈갓마이테일
*여자 남자, 할 일이 따로 정해져 있을까요? 나카야마 치나쓰(글), 야마시타 유조(그림), 고래이야기
*여자와 남자는 같아요 플란텔 팀(글), 루시 구티에레스(그림), 풀빛
*올리버 버튼은 계집애래요 토미 드 파올라(글·그림), 문학과지성사
*올리비아는 공주가 싫어! 이안 팔코너(글·그림), 주니어김영사
*점동아 어디 가니? 길상효(글), 이형진(그림), 씨드북
*종이 봉지 공주 로버트 먼치(글), 마이클 마르첸코(그림), 비룡소
*줄리의 그림자 크리스티앙 브뤼엘(글), 안 보즐렉(그림), 이마주
*치마를 입어야지 아멜리아 블루머! 새너 코리(글), 체슬리 맥라렌(그림), 아이세움
*코숭이 무술 이은지(글·그림), 후즈갓마이테일
*쿵쿵이는 몰랐던 이상한 편견 이야기 허은실(글), 조원희(그림), 풀빛
*평등한 나라 요안나 올레흐(글), 에드가르 봉크(그림), 풀빛

-성폭력
*그건 안 되겠어요 이상희(글), 노인경(그림), 상상스쿨
*내 몸은 나의 것 린다 월부어드 지라드(글), 로드니 페이트(그림), 문학동네
*내 몸은 소중해! 김미애(글), 조윤주(그림), 아르볼
*말해도 괜찮아 제시(글·그림), 문학동네
*비밀 허은미(글), 박현주(그림), 문학동네
*소중한 내 몸을 위해 꼭꼭 약속해 박은경(글), 김진화(그림), 책읽는곰
*슬픈 란돌린 허수경·카트린 마이어(글), 아네트 블라이(그림), 문학동네
*왜, 먼저 물어보지 않니? 이현혜(글), 김주리(그림), 천개의바람
*이럴 땐 싫다고 말해요 마리 프랑스 보트(글), 파스칼 르메트르(그림), 문학동네
*좋아서 껴안았는데, 왜? 이현혜(글), 이효실(그림), 천개의바람

〈초등 고학년〉

*거절한다는 것 서영선(글), 임미란(그림), 장수하늘소
*고마워 성, 반가워 사춘기 정미금(글), 황미선(그림), 한솔수북
*나는 여자아이니까 세상을 바꿀 수 있어요! 로즈메리 맥카니·플랜인터내셔널, 푸른숲주니어
*니 몸, 네 맘 얼마나 아니? 배정원(글), 최해영(그림), 팜파스
*사춘기 내 몸 사용 설명서 안트예 헬름스(글), 얀 폰 홀레벤(사진), 이마주
*사춘기 소녀 수산 모브세시안, 걷다
*사춘기 소년 제프 프라이스, 걷다
*사춘기는 다 그래 루이스 슈필스베리(글), 마이크 고든(그림), 다림
*생리를 시작한 너에게 유미 스타인스·멜리사 캉(글), 제니 래섬(그림), 다산어린이
*성교육 상식 사전 '인간과 성' 교육연구소(글), 남동윤(그림), 길벗스쿨
*소녀들을 위한 내 몸 안내서 소냐 르네 테일러, 휴머니스트
*아기는 어떻게 태어날까요? 프랑수아즈 로랑(글), 세바스티앙 슈브레(그림), 노란돼지
*안녕, 내 이름은 페미니즘이야 강남순(글), 백두영·허지영(그림), 동녘주니어
*언니 페미니즘이 뭐야? 마리아 무르나우(글), 엘렌 소티요(그림), 탐
*엄마의 마흔 번째 생일 최나미(글), 정문주(그림), 사계절
*여자아이의 왕국 이보나 흐미엘레프스카, 창비
*초경부터 당당하자 엘리즈 티에보(글), 미리옹 말(그림), 레디앙
*흑설공주 이야기 바바라 G. 워커, 뜨인돌

〈중등 이상〉

*그건 네 잘못이 아니야! 피트 왈리스·탈리아 왈리스(글), 조지프 윌킨스(그림), 봄풀출판
*나의 첫 젠더 수업 김고연주, 창비
*니 잘못이 아니야… 구성애, 올리브M&B
*사랑을 하고 싶은 너에게 가와마쓰 야스미, 나무를심는사람들
*성, 터놓고 얘기해요! 로비 H. 해리스(글), 마이클 엠벌리(그림), 다섯수레

* 쉽게 읽는 젠더 이야기 조현준, 행성B
* 아우성 빨간책 남자 청소년 편/여자 청소년 편 푸른아우성, 올리브M&B
* 청소년 빨간 인문학 키라 버몬드, 내인생의책
* 청소년을 위한 양성평등 이야기 이해진, 파라주니어
* 페미니즘 교실 김고연주 외(글), 수신지(그림), 돌베개

<섹스에 대해>

* 그래도 나는 사랑으로 살고 싶다 강동우·백혜경, 레드박스
* 데이트, 그렇게 궁금하니? 민디 마이어, IVP
* 돌직구 성교육 제인 폰다, 예문아카이브
* 똑똑하게 사랑하고 행복하게 섹스하라 배정원, 21세기북스
* 마이 시크릿 닥터 리사 랭킨, 릿지
* 브레인 섹스 앤 무어·데이비드 제슬, 북스넛
* 성 거룩한 갈망 리사 맥민, IVP
* 성에 대한 얕지 않은 지식 이인, 을유문화사
* 안녕, 나의 자궁 이유명호, 나무를심는사람들
* 우리 그 얘기 좀 해요 수요한슨, 씨네21북스
* 질의 응답 니나 브로크만·엘렌 스퇴켄 달, 열린책들

<젠더에 대해>

* 결혼과 육아의 사회학 오찬호, 휴머니스트
* 맨박스 토니 포터, 한빛비즈
* 여성은 인간인가? 도로시 세이어즈, IVP
* 여자다운 게 어딨어 에머 오툴, 창비
* 여혐민국 양파, 베리북
* 젠더, 만들어진 성 코델리아 파인, 휴머니스트
* 젠더 무법자 케이트 본스타인, 바다출판사

*젠더란 무엇인가　로빈 라울, 한울
*지금 여기의 페미니즘×민주주의　정희진 외, 교유서가
*테스토스테론 렉스　코델리아 파인, 딜라일라북스
*핑크와 블루를 넘어서　크리스티아 스피어스 브라운, 창비
*한국 남자　최태섭, 은행나무
*훈의 시대　김민섭, 와이즈베리

〈성폭력에 대해〉

*그것은 썸도 데이트도 섹스도 아니다　로빈 월쇼, 일다
*누가 양의 탈을 쓴 늑대일까?　로빈 삭스, W미디어
*마초 패러독스　잭슨 카츠, 갈마바람
*보통의 경험　한국성폭력상담소, 이매진
*부장님 그건 성희롱입니다!　무타 카즈에, 나름북스
*비혼주의자 마리아　안정혜(글·그림), IVP
*성폭력과 힘의 악용　제임스 뉴턴 폴링, 한울
*아무도 대답해 주지 않은 질문들　페기 오렌스타인, 문학동네
*아주 친밀한 폭력　정희진, 교양인
*예민해도 괜찮아　이은의, 북스코프
*용서의 나라　토르디스 엘바·톰 스트레인저, 책세상
*우리들의 삶은 동사다　김지현 외, 이매진
*조금 다른 아이들, 조금 다른 이야기　김고연주, 이후

〈성 정체성에 대해〉

*그건 혐오예요　홍재희, 행성B
*동성애는 죄인가　허호익, 동연
*동성애에 대한 두 가지 견해　윌리엄 로더 외, IVP
*동성애와 그리스도인　마크 야하우스, 기독교문서선교회

*동성애와 기독교 신앙   월터 윙크(엮음), 무지개신학연구소
*3×FtM : 세 성전환 남성의 이야기   연분홍치마, 그린비
*예수, 성경, 동성애   잭 로저스, 한국기독교연구소
*인권도 차별이 되나요?   구정우, 북스톤
*인권옹호자 예수   김지학, 생각비행
*하나님은 동성애를 반대하실까?   샘 올베리, 아바서원
*혐오 사회   카롤린 엠케, 다산북스
*혐오의 시대를 사는 그리스도인   김선욱 외, IVP

〈부모가 읽는 자녀 성교육 책〉

*거침 없는 아이, 난감한 어른   김백애라·정정희, 문학동네
*당황하지 않고 웃으면서 아들 성교육 하는 법   손경이, 다산에듀
*부모가 시작하는 내 아이 성교육   백경임(글), 김진이(그림), 샘터사
*아이의 사생활: 두 번째 이야기   EBS 〈아이의 사생활 2〉 제작팀, 지식채널
*우리 아이 성교육에 대해 꼭 알아야 할 50가지   린다 에어·리차드 에어, 원앤원스타일
*움츠러들지 않고 용기있게 딸 성교육 하는 법   손경이, 다산에듀
*이런 질문, 해도 되나요?   심에스더·최은경, 오마이북
*페미니스트 엄마와 초딩 아들의 성적 대화   김서화, 일다

성을 알면 달라지는 것들

초판 발행_ 2020년 11월 5일
초판 3쇄_ 2021년 3월 5일

지은이_ 김경아
펴낸이_ 정모세

펴낸곳_ 한국기독학생회출판부
등록번호_ 제313-2001-198호(1978.6.1)
주소_ 04031 서울시 마포구 동교로 156-10
대표 전화_ (02)337-2257 팩스_ (02)337-2258
영업 전화_ (02)338-2282 팩스_ 080-915-1515
홈페이지_ http://www.ivp.co.kr 이메일_ ivp@ivp.co.kr
ISBN 978-89-328-1784-2

ⓒ 김경아 2020

책값은 뒤표지에 있습니다.
무단 전재와 복제를 금합니다.